AF497053

JOSIANE FORTIN

Évat

Données de catalogage avant publication disponibles à la Bibliothèque et Archives nationales du Québec.

…‥…‥…‥…‥…‥…‥…‥…‥‥

Copyright © Josiane Fortin, 2021
   Illustration, conception graphique de la couverture et mise en page : Josiane Fortin
   Photo de la page couverture : Vadymvdrobot/depositphotos

Dépôt légal — Bibliothèque et Archives nationales du Québec, novembre 2021
   ISBN : 978-2-9820188-4-6
   ISBN MOBI : 978-2-9820188-3-9
   ISBN EPUB : 978-2-9820188-5-3

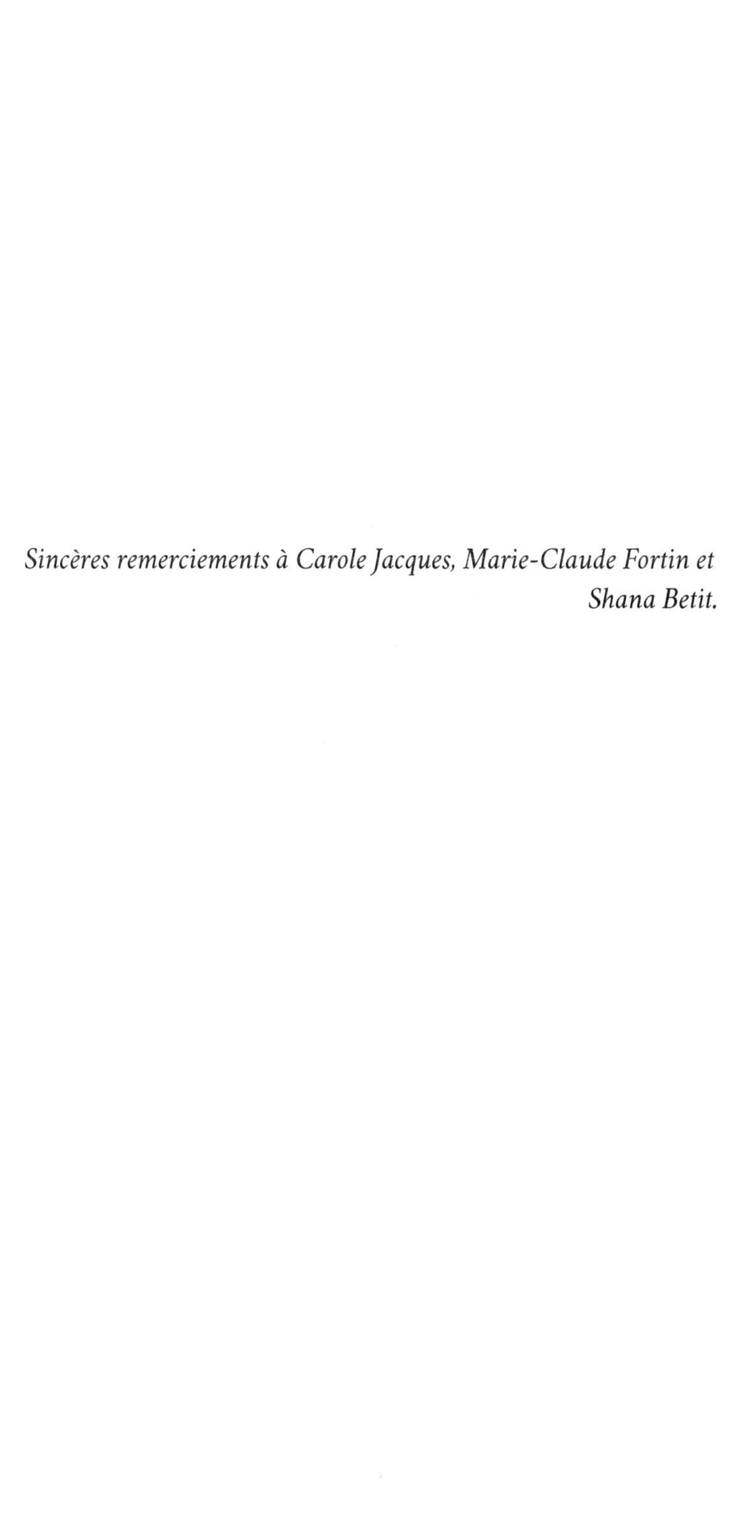

Sincères remerciements à Carole Jacques, Marie-Claude Fortin et Shana Betit.

Prologue

Brax a réussi à s'introduire dans la peau de Michael, un psychothérapeute de Montréal. Il a quitté sa femme Leshi pour Kimberley et ils ont maintenant une fille, Léa-Rose.

Leshi, qui a intégré le corps de Marie-Michelle, a obtenu son diplôme et travaille maintenant au laboratoire. Elle est enceinte, mais elle ne sait pas encore qui est le père.

Évat profite de sa carrière d'actrice sous les traits de Thomas Paré, un homme attirant, mais dangereux. Elle a assez d'argent pour acheter une maison pour Leshi et elle.

Chapitre 1

Évat et Leshi parcouraient les couloirs de l'hôpital pour se rendre à une échographie. La date d'accouchement de Leshi était estimée au vingt-neuf aout.

— Merci de m'avoir accompagnée.

— Ça me fait plaisir.

Évat remarqua que Leshi marchait moins vite avec son ventre proéminent et ses chevilles enflées. Elle n'enviait pas du tout sa condition.

Elle ne l'aurait pas avoué à son amie, mais la venue prochaine de l'enfant humain la laissait indifférente. En fait, elle y pensait rarement. Son travail d'influenceuse tenait son esprit occupé, qu'elle soit devant son ordinateur, sa caméra vidéo ou même dans la douche. Elle générait constamment des idées pour créer du contenu intéressant pour ses abonnés.

Les deux Gallagianes entrèrent dans une pièce sombre au bout d'un corridor beige. La technicienne les salua. Leshi s'allongea sur la table tapissée de papier et Évat prit le tabouret. Du plafond pendait un écran géant.

— Je vais appliquer du gel. Attention, c'est froid, avertit la technicienne.

Un liquide collant recouvrit le ventre de Leshi. Puis, l'embout de plastique se déplaça pour faire apparaitre des images du bébé sur l'écran.

— Ici, on voit ses bras, commenta la technicienne.

Elle procédait à l'inspection du fœtus et désignait au fur et à mesure les petits membres. Évat se laissa prendre au jeu et s'intéressa à cet humain qui grandissait dans le corps de l'hôte de son amie. Le tout lui semblait miraculeux.

Soudain, la technicienne interrompit son examen.

— Je reviens, un instant.

Elle sortit de la pièce.

— C'est la première fois que ça m'arrive, nota Leshi.

— Quoi ?

— La technicienne n'est jamais partie avant.

— Elle avait peut-être trop envie d'aller aux toilettes.

Elles patientèrent une dizaine de minutes avant que la technicienne ne revienne.

— La gynécologue va vous rencontrer dans quelques minutes. Veuillez retourner dans la salle d'attente.

Leshi s'essuya de son mieux, mais son ventre luisait encore de gel gluant. Elles sortirent de la pièce.

— Ce n'est pas normal, s'inquiéta Leshi.

— Le bébé semblait avoir tous ses morceaux.

— Qu'est-ce que tu connais là-dedans ! jappa Leshi.

— Calme-toi ! Attendons de voir ce que la gynécologue veut nous dire avant de paniquer.

* * *

Leshi n'en pouvait plus de patienter. Son instinct lui soufflait que quelque chose clochait. Tout de suite, elle repensa à l'alcool qu'elle avait consommé lorsqu'elle était enceinte.

— Marie-Michelle Labrecque, salle cent-vingt-deux.

Leshi bondit pour s'y rendre le plus vite possible malgré son ventre encombrant, Évat la suivant sur les talons. Nerveuse, elle prit place devant la gynécologue.

— J'ai regardé les images de votre échographie. Votre bébé se développe normalement.

Leshi soupira de soulagement.

— Par contre, nous avons remarqué trois taches sur un de vos ovaires.

La gynécologue hésita.

— Et alors ? demanda Leshi, pressée de connaitre la suite.

— Il faudra une biopsie pour en être tout à fait certain, mais il pourrait s'agir d'un cancer.

Leshi eut l'impression de recevoir une gifle. Elle savait très bien que cette maladie dévastatrice pouvait être mortelle pour le corps humain.

— C'est impossible, s'interposa Évat. Elle n'a que trente ans !

— Malheureusement, cette maladie attaque à tout âge, sans discernement.

Leshi se mit à pleurer.

— C'est injuste !

— Commençons par réaliser la biopsie. Si les résultats confirment la présence de cellules cancéreuses, des traitements sont disponibles. Nous vous appellerons bientôt pour vous donner votre rendez-vous.

La gynécologue devait déjà partir pour rencontrer une autre future mère. Évat aida Leshi à se relever et à sortir de l'hôpital. Leshi pleurait encore sur le chemin du retour dans un taxi qu'Évat s'était empressée d'appeler vu le désarroi de son amie. Évat se contenta de demeurer silencieuse, tenant la main de

Leshi dans l'espoir de lui communiquer un peu de réconfort.

* * *

Malgré la maladie qui attaquait peut-être en ce moment même le corps de Leshi, la vie devait suivre son cours et le grand jour du déménagement était arrivé. Leshi et Évat allaient enfin avoir une maison bien à elles.

L'offre d'achat avait été rapidement acceptée par les vendeurs et Évat en était ravie. Elle rêvait déjà de stationner sa moto dans le garage double.

Sa collection de vêtements se vendait de plus en plus. Sa visibilité dans le petit écran de tout le Québec l'avait propulsée au rang de célébrité, ce qui avait par le fait même augmenté le rayonnement de sa boutique en ligne. En plus, sa chaine YouTube attirait de plus en plus d'abonnés.

Tout allait bien pour Évat si ce n'était de la bombe reçue le jour de l'échographie. Alors qu'elle rangeait seule ses derniers effets personnels dans des boites, une larme coula sur sa joue. La relation qu'elle avait développée avec Leshi était spéciale et elle ne pouvait imaginer sa vie sans sa meilleure amie à ses côtés.

Le barrage qu'elle avait érigé devant Leshi se rompit soudainement. Évat s'effondra sur le sol et pleura comme un bébé, à l'abri du regard de Leshi. Elle lui cachait sa peine et sa colère pour ne pas la décourager davantage.

En silence, elle versa toutes les larmes de son corps, enfermée dans sa chambre presque vide. Elle ne voulait surtout pas inquiéter Leshi, qui semblait somme toute sereine une fois le choc passé. Elle ne parlait que de l'arrivée du bébé et ne paraissait pas se préoccuper de la biopsie à venir. Son comportement énervait Évat qui lui reprochait son insouciance.

Une fois que la source de ses larmes fût tarie, Évat se releva et épousseta son jean. Elle souleva la dernière boite et la porta dans le corridor où plusieurs autres s'entassaient.

Deux hommes se présentèrent à la porte. Le camion de déménagement était arrivé. Maintenant qu'Évat gagnait un salaire plus qu'intéressant, il avait été logique de payer pour des professionnels au lieu de se fier à la bonne foi de Brax comme la dernière fois. En entendant les deux déménageurs, Leshi sortit de la cuisine avec une boite.

— C'était la dernière. Juste à temps.

Ils travaillèrent à quatre pour remplir le camion. Il y avait beaucoup plus d'objets à transporter cette fois-ci. L'argent supplémentaire leur avait permis de se procurer du superflu et en plus Leshi avait déjà acheté des meubles, des vêtements et des jouets en prévision de la venue du bébé. Somme toute, le camion n'était quand même pas rempli.

— Suivez-moi, leur indiqua Évat d'un signe tout en embarquant sur sa moto avec Leshi.

Le camion les escorta jusqu'à leur nouvelle maison. Évat retint son souffle en ouvrant la porte pour la première fois en tant que propriétaire des lieux.

— Ça y est, notre premier chez nous.

Les deux amies trépignèrent de bonheur alors que les déménageurs procédaient déjà au transbordement des boites. Leshi et Évat avaient une grosse journée devant elles pour tout ranger adéquatement.

* * *

Malgré sa grossesse avancée, Leshi débordait d'énergie. Elle rangea et organisa le contenu des boites dans la maison qui avait été astiquée par une entreprise d'entretien ménager.

Une fois son travail terminé dans les pièces communes, elle s'attaqua aux effets pour le bébé. Elle avait fait peinturer la chambre en bleu et elle avait ajouté des autocollants muraux d'animaux de la ferme aux couleurs voyantes. Elle voulait créer un endroit à l'atmosphère joyeuse et visuellement stimulante pour l'enfant.

Juste à côté de la couchette blanche que les déménageurs avaient portée jusqu'à la chambre, Leshi déroula un tapis moelleux. Elle s'imaginait déjà assise sur le sol pour jouer avec Zach. Elle avait aussi installé une chaise berçante dans un coin de la chambre.

Il lui restait à acheter des rideaux et elle voulait ajouter une étagère pour y placer des ours en peluche et des livres tactiles et colorés.

Au bout d'une heure de travail, Leshi ouvrit enfin la dernière boite. Elle sortait un à un les minuscules vêtements pour les admirer avant de les placer dans la commode. Puis, elle jeta un regard circulaire à la pièce et sourit. Même si la décoration était inachevée, elle sentait que la chambre pouvait déjà accueillir adéquatement son fils.

Elle rejoignit Évat qui s'affairait dans la cuisine. Spontanément, elle l'entoura de ses bras.

— Qu'est-ce que tu fais ? demanda Évat en se dégageant.

— Je suis juste trop contente. Cette maison est géniale !

— C'est incroyable le chemin parcouru depuis mon arrivée

sur terre.

— Les déménageurs sont-ils partis ?

— Oui, déjà. Ils ont placé tous les meubles et tes boites sont dans ta chambre.

— Excellent. Je m'en occuperai bientôt, mais avant célébrons !

— Nous sommes chez nous !

En souriant, Leshi ouvrit le congélateur pour y prendre une pizza congelée et elle la lança au four pour le souper.

— Un repas vite fait pour une fois.

Puisqu'elles venaient de quitter un appartement meublé, elles devaient encore s'acheter un divan et une table de cuisine. Ainsi, elles dégustèrent leur pizza debout à côté de l'ilot. Leshi s'amusa de leur situation.

— J'irai choisir quelques meubles demain pendant ton travail, lui promit Évat.

— J'espère bien. Je ne suis plus en état de rester debout toute la journée. Mes pieds sont tellement enflés que j'ai de la difficulté à mettre mes souliers.

— Je suis vraiment ravie d'être un homme. Je n'aurai jamais à vivre ça.

— Malgré tous les inconvénients, tu n'as aucune idée du bonheur que tu manques.

Leshi se flattait amoureusement le ventre en pensant à l'être humain qui y grandissait.

— Comment allons-nous passer notre première soirée dans la maison ? se demanda Évat.

Leshi réfléchit.

— On pourrait jouer aux cartes.

— Ah oui ! Je me souviens de nos soirées d'autrefois, dans l'appartement d'Alexane.

— Je trouve dommage de ne pas avoir su entretenir cette amitié. Comme toutes les autres d'ailleurs.

— Tu t'entends bien avec Brigitte, non ?

— Oui, concéda Leshi. Mais on n'a jamais trop d'amies !

— Dans mon cas, une seule me suffit.

Elles terminèrent leur repas dans la bonne humeur, puis Leshi trouva le paquet de cartes dans un tiroir de la cuisine.

Elles finirent la soirée en jouant aux cartes et en riant aux éclats.

* * *

Toutes leurs affaires étaient maintenant bien rangées dans la maison, sauf les boites de Leshi qui s'élevaient en une pyramide dans sa chambre. Malgré la fatigue qui l'assaillait après une journée de déménagement, Leshi décida de puiser dans ses dernières forces et de placer ses effets personnels. Ainsi, elle n'aurait plus à penser à ce déménagement et pourrait profiter pleinement de leur nouvelle maison.

Leshi admira sa chambre spacieuse et fraichement peinte en vert pâle. La fenêtre donnait sur la cour arrière couverte de fleurs resplendissantes en ce début de juillet. Elle se sentait privilégiée par l'abondance qui l'entourait. Non seulement elle avait un luxueux toit au-dessus de la tête, mais elle le partageait avec sa meilleure amie et bientôt un enfant, le plus beau cadeau de la vie.

Même si elle avait jeté au feu ses manuels de l'université, sa passion pour la lecture demeurait bien présente. La différence était qu'elle pouvait maintenant se permettre de lire tout ce qu'elle souhaitait plutôt que de se pencher sur des livres imposés par ses professeurs. Bien qu'elle se passionnât toujours pour la chimie, elle se gâtait souvent avec des romans de science-fiction. Elle adorait plonger dans l'imaginaire des humains qui imaginaient la vie extraterrestre. Étrangement, certaines histoires se rapprochaient assez bien de la réalité que Leshi avait expérimentée sur Gallagia.

L'ameublement de sa chambre était spartiate. Elle s'était procuré un lit d'occasion et une commode parce que les meubles de son appartement précédent appartenaient au propriétaire. Elle se contentait de peu.

Maintenant qu'Évat gagnait un salaire conséquent, et puisque Leshi avait terminé ses études universitaires, elle avait avisé Brax de mettre un terme à ses virements automatiques mensuels. Elles arrivaient maintenant à se débrouiller sans son aide financière et elle était soulagée de ne plus dépendre de la bonne volonté de son ex-mari.

Leshi puisa dans ses dernières énergies pour finaliser son installation et soupira d'aise lorsqu'elle put enfin se mettre au lit dans des draps tout frais. Sa vie avait changé du tout au tout en quelques mois seulement et l'arrivée de Zach promettait d'amener d'autres bouleversements.

* * *

Leshi avait eu son rendez-vous à l'hôpital et un radiologiste avait procédé à l'extraction de cellules provenant d'une masse détectée lors de l'échographie. Ensuite, le prélèvement avait été envoyé au laboratoire pour en effectuer l'analyse.

Quatre jours plus tard, un temps qui avait paru une éternité pour les deux amies, Leshi avait reçu une affreuse nouvelle : la biopsie avait malheureusement révélé qu'un cancer s'était bel et bien installé dans son ovaire droit. L'oncologue lui avait présenté un choix déchirant. Elle devait choisir entre provoquer son accouchement pour commencer les traitements de chimiothérapie immédiatement, ou prendre le risque d'attendre le déclenchement naturel dans un mois. Le cancer pouvait grossir durant cette période et même se propager à d'autres parties de son corps.

Malgré le danger pour sa santé, Leshi ne pouvait se résoudre à risquer la vie de son fils en forçant sa naissance prématurément. Elle l'aimait déjà tendrement. Ainsi, elle choisit de ne pas commencer le traitement immédiatement et d'attendre que le bébé soit plus près de son terme pour accoucher.

Lorsque Leshi avait expliqué son choix à Évat, celle-ci s'y était opposée farouchement.

— Pourquoi jouer avec le feu ? Tu devrais accoucher tout de suite.

— Zach n'est pas encore prêt. Il pourrait avoir des séquelles.

— Mais toi, tu pourrais en mourir.

— J'ai confiance. Il suffit d'être patiente. Dès mon accouchement, j'aurai mon premier traitement.

Évat était sortie en coup de vent, incapable d'accepter la décision de son amie.

Chapitre 2

À l'occasion, Évat percevait des commentaires de Thomas, soufflés dans son esprit. Elle s'était habituée à sa compagnie inopportune. Peut-être que si elle l'ignorait assez longtemps, il abandonnerait la partie et s'effacerait enfin une bonne fois pour toute.

Au-delà des mots qui résonnaient dans son esprit, Évat ressentait parfois des émotions qui ne pouvaient provenir que de son hôte. Des éclairs de désir et de rage survenaient dans les moments les plus embarrassants. Avec ces bouffées d'émotions, Évat comprenait maintenant parfaitement que Thomas ait dû être hospitalisé pour des troubles de santé mentale. Il était si intense qu'elle le croyait dangereux.

Étrangement, elle l'entendait le plus souvent lors de ses promenades à moto, lorsqu'elle se laissait porter par la vitesse et qu'elle ne pensait à rien de particulier.

Évat profitait de son été pour faire le plein d'images pour sa chaine YouTube. Ses abonnés en redemandaient. Pour leur faire plaisir, elle avait prévu une sortie en dehors de la ville pour offrir plus de diversité. Elle continuait également à tester de nouveaux modèles de moto et à partager ses évaluations. Elle profitait de cette période moins exigeante avant son retour devant les caméras pour produire du matériel et en faire provision pour l'hiver.

Le soleil de juillet l'éblouissait. Les rayons rebondissaient sur toutes les surfaces. Elle tourna pour emprunter une bretelle de sortie de l'autoroute quand elle entendit distinctement une voix brusque.

— Laisse-moi sortir !

Évat sursauta malgré elle et perdit le contrôle de sa moto.

Elle embarqua sur l'accotement et dévia sur une section gazonnée. De justesse, elle parvint à stabiliser le véhicule au bout de quelques secondes qui lui parurent une éternité. Elle s'arrêta complètement et mit les pieds à terre avec soulagement. Elle débarqua de sa monture pour reprendre son souffle et se remettre de ses émotions.

Il semblait que l'essence de Thomas prenait de plus en plus de force. Brax lui avait expliqué qu'il avait choisi Thomas à cause de sa maladie mentale puisqu'elle ne pouvait intégrer qu'un corps à l'esprit affaibli, mais Brax avait visiblement sous-estimé la force et la détermination de Thomas. Évat se demandait même si sa bipolarité ne le rendait pas justement plus résistant.

— Espèce d'idiot ! Tu as failli nous tuer ! marmonna-t-elle.

La colère l'envahit. Cette enveloppe charnelle l'avait bien servie et ses revenus étaient maintenant en grande partie basés sur son image, mais Évat souhaitait se débarrasser définitivement du psychopathe qui partageait son cerveau. Elle avait repoussé le problème depuis trop longtemps, espérant naïvement qu'il s'évanouirait par lui-même. Comme le temps n'avait pas fait son œuvre, elle allait devoir se résoudre à demander l'aide de Brax. Son orgueil l'en empêchait. Pour envenimer la situation, ils n'avaient toujours pas trouvé comment éliminer Mathieu. Évat soupira. Les complications s'empilaient et les solutions se faisaient rares.

— Tiens-toi tranquille, nous rentrons chez nous.

Évat se sentit ridicule de se parler à elle-même. Elle enfourcha de nouveau sa moto et conduit directement à sa maison, ne souhaitant plus prolonger sa promenade après l'incident qui venait de se produire.

Elle appuya sur le bouton pour ouvrir la porte de garage double blanche et retrouver la sécurité de sa maison.

* * *

Une forte douleur abdominale réveilla Leshi. Surprise par l'intensité de la contraction, elle se redressa dans son lit. Curieuse de nature, elle avait énormément lu sur l'accouchement et elle savait qu'elle devait attendre avant d'aller à l'hôpital. Une seule contraction ne suffisait pas. En effet, pour un premier enfant, il était écrit de se rendre à la maternité seulement lorsque la douleur se faisait sentir toutes les cinq minutes, et ce durant deux heures. Elle décida donc de se recoucher.

Une heure plus tard, une nouvelle contraction la réveilla. Leshi se plia en deux en attendant que la douleur se dissipe. Ensuite, elle essaya de se rendormir, mais comme elle n'y arrivait pas, elle se leva.

Elle commença par se faire un café. Pendant que les grains infusaient dans la cafetière et embaumaient la cuisine, Leshi sortit un cahier pour y inscrire l'heure de chaque contraction. Elles se rapprochaient de plus en plus.

Une fois son café avalé, Leshi retourna dans sa chambre pour rassembler ses affaires pour l'hôpital. Elle mit dans son sac tous les éléments de la liste préparée plusieurs jours auparavant : des pyjamas et des couches pour le bébé, son appareil photo, des serviettes hygiéniques, des vêtements confortables pour elle, son oreiller préféré, des barres tendres et une foule d'autres items.

Quand Évat se leva deux heures plus tard, elle la trouva assise confortablement au salon avec un livre sur les genoux et son bagage prêt à ses pieds.

— Que fais-tu avec ton sac ?

— Je pense qu'il est temps d'aller à l'hôpital.

— En es-tu certaine ? Ce n'est pas aujourd'hui la date prévue.

Leshi sourit en voyant le visage paniqué de son amie.

— C'est mon premier accouchement, mais je ne crois pas me tromper.

Évat tournait en rond sans but dans la cuisine, comme si ses neurones n'arrivaient pas à admettre l'évidence, alors Leshi se leva pour appeler un taxi elle-même.

— Ils seront là dans environ dix minutes. Assois-toi en attendant, tu me donnes le tournis.

Évat ne protesta pas et s'installa dans la toute nouvelle causeuse en cuir noir qu'elle avait fait livrer la veille. Même assise, elle s'agitait. Les jambes croisées, le pied du dessus virevoltait dans les airs comme une baguette de chef d'orchestre. Leshi roula des yeux devant l'anxiété de son amie.

— C'est à moi d'être nerveuse, pas à toi.

— Je n'arrive pas à me contrôler.

— Si tu avais accepté de consulter les informations avec moi, tu saurais que tout le processus est complètement naturel.

Leshi terminait à peine sa phrase qu'une contraction particulièrement douloureuse lui tordit les abdominaux. Elle grimaça sous la douleur. Évat se précipita vers elle.

— Ne t'en fais pas. C'est normal.

— C'est injuste que tu doives souffrir ainsi.

— Crois-moi, je vais demander la péridurale le plus tôt possible.

Leshi consulta sa montre.

— Sortons sur le perron avec mon sac. Le taxi ne devrait plus tarder.

Effectivement, un véhicule s'arrêta juste devant leur maison. Évat transportait le sac, alors que Leshi marchait en soutenant son ventre à deux mains. Elle se sentait si lourde. Soudain, elle se plia en deux sous la force d'une nouvelle contraction. Elle s'appuya sur Évat qui ne pouvait rien faire pour l'aider.

Les deux amies montèrent dans le taxi et Leshi demanda au chauffeur de les conduire à l'hôpital. Elle espérait ne pas perdre ses eaux sur la banquette arrière.

Le trajet lui parut long et pénible. Enfin, elle put sortir et se présenta à la réception pour les aviser de son arrivée. Elle fut dirigée à l'unité mère-enfant.

Même si Évat ne s'y connaissait pas du tout en accouchement, Leshi était contente de pouvoir compter sur sa présence rassurante. Elle n'aurait pas aimé affronter cet évènement seule.

Une infirmière l'installa dans un lit.

— Nous passerons régulièrement pour surveiller l'avancement. Tout ira très bien, lui affirma l'infirmière avec un grand sourire.

Elle quitta la pièce et le supplice s'intensifia.

Alors qu'elle retenait avec difficulté des cris de douleur, une gynécologue passa la tête dans la porte.

— Tout se déroule bien ici ?

Elle enfila des gants de latex et releva la jaquette d'hôpital pour observer l'intimité de Leshi. Celle-ci avait envie de refermer les jambes pour se cacher, mais elle se plia à l'exercice.

— J'ai trop mal, se plaignit-elle.

— Je peux demander à l'anesthésiologiste de procéder à l'épidurale.

— Oui, s'il vous plait. Le plus tôt sera le mieux.

— D'accord, je vous l'envoie.

Elle sortit.

— J'espère qu'il va arriver rapidement. Je n'en peux plus.

Évat lui serra la main pour l'encourager. Elle se sentait complètement inutile.

La sueur coulait sur le front et dans le dos de Leshi. Chaque fois qu'elle entendait des pas dans le corridor, elle espérait que voir l'anesthésiologiste entrer dans la chambre pour la soulager de cette terrible douleur.

Quand enfin il arriva dans la chambre, Leshi était prête à affronter toutes les aiguilles du monde. Elle suivit à la lettre les instructions de l'anesthésiologiste et elle ressentit avec soulagement les effets de la drogue se propager dans son corps.

Elle dut patienter encore deux heures avant d'être assez dilatée pour pouvoir commencer à expulser le bébé. La gynécologue était présente pour l'assister et l'encourager. Alors que Leshi puisait dans ses énergies pour arriver à donner la vie à Zach, Évat se tenait dans un coin, le visage blême.

Finalement, après une heure de travail intense, la gynécologue annonça l'arrivée de bébé Zach. Il était vigoureux et criait déjà son étonnement. Il fut déposé sur la poitrine de Leshi qui pleura de joie. Elle capturait en ce moment toute la beauté de la vie. Elle ressentait une fierté indicible devant le miracle qu'elle venait de réaliser.

Le petit se calma aussitôt au contact de la peau chaude de sa mère. Leshi admira son petit nez et ses minuscules doigts. Il agitait la tête pour chercher son sein.

Leshi le déplaça doucement pour lui donner l'accès à la nourriture. Elle fut surprise de trouver la situation si naturelle. Elle ne s'était jamais sentie aussi humaine.

— Le bébé est en pleine forme. Félicitations. Une infirmière viendra bientôt pour le peser et le laver. D'ici là, profitez bien de votre temps en tête à tête.

La gynécologue quitta les lieux.

Zach tétait goulument, mais il s'endormit rapidement, son estomac de la grosseur d'une cerise déjà rempli.

Leshi le regardait avec adoration.

— As-tu vu comme il est beau ?

Évat s'approcha pour l'observer de plus près.

— Il est tout chiffonné.

— Tu le serais aussi si tu venais de passer dans un long tuyau.

— Tu es officiellement une mère ! Quel effet ça te fait ?

— Je me sens fière, tout simplement.

Elle caressa son petit jusqu'à l'arrivée de l'infirmière une heure plus tard. Celle-ci nettoya le bébé, le pesa et le mesura. Comme Leshi n'arrivait pas encore à se déplacer, Évat habilla Zach avec un pyjama tout neuf, sous la supervision de la professionnelle.

— Comme il est beau en blanc ! s'extasia la nouvelle maman.

L'infirmière reposa Zach sur Leshi. Il piaffait d'impatience.

— Je crois que ce petit a faim, déclara-t-elle.

Leshi hésitait à dévoiler son sein devant l'étrangère. Elle en avait assez de montrer son corps au personnel soignant. Heureusement, l'infirmière avait d'autres patientes à visiter et elle s'en alla promptement.

Pour la deuxième fois, Leshi donna le sein et profita pleinement de ce contact privilégié avec son enfant.

* * *

Le personnel de l'hôpital présumait qu'Évat était le père de l'enfant, parce qu'il était le seul homme présent. Sauf qu'elle-même ne savait pas si elle l'était.

Alors que Leshi dormait pour reprendre des forces, Zach se mit à pleurnicher et réclamer du réconfort. Évat décida de le sortir de sa bassinette pour le bercer un peu et permettre à son amie de se reposer davantage.

Ainsi, en tenant Zach entre ses bras pour la première fois, elle examina son petit visage fripé pour tenter d'évaluer si elle y décelait les traits de Thomas ou de Michael. Elle abandonna rapidement puisque les attributs du nouveau-né ne lui révélaient pas le moindre indice. « Les bébés humains se ressemblent tous ! » pensa-t-elle.

Maintenant que l'enfant était né, son existence prenait un tout autre sens pour Évat et elle ressentit le besoin de savoir le plus vite possible si elle était la génitrice. Était-elle responsable de la survie de ce petit être ?

Une fois le bébé calmé, elle le déposa doucement dans sa bassinette. Les mains libérées, elle commanda sur internet un ensemble de prélèvement pour un test de paternité. Selon le site, elle devait le recevoir d'ici trois jours. Elle allait enfin avoir la réponse.

* * *

Leshi fut autorisée à quitter l'hôpital vingt-quatre heures après son accouchement. Comme le nouveau-né se portait très bien et la mère aussi, il n'y avait aucune raison de s'attarder.

Évat avait loué une voiture pour l'occasion. Leshi avait acheté un siège d'auto bien avant son accouchement, ainsi Évat avait pu fixer la base sur la banquette arrière et elle apporta la coquille à l'unité mère-enfant pour y placer le bébé. Leshi y déposa le minuscule garçon et le manipula délicatement pour l'installer et l'attacher solidement. Celui-ci protesta, mais Leshi n'avait d'autre choix que de le laisser pleurer même si cela lui brisait le cœur.

— Bien, dit Évat en soulevant la coquille par la poignée. Il va peut-être s'endormir en chemin.

— J'espère bien. Ses pleurs sont trop difficiles à supporter.

Elles se dirigèrent vers l'ascenseur.

— Il faudra qu'on s'habitue, car j'ai l'impression qu'un bébé passe beaucoup de temps à pleurer.

Tous les regards se tournèrent vers la nouvelle famille alors que Zach s'époumonait. Évat se sentait embarrassée d'attirer ainsi l'attention sur eux. Comme elle était une figure publique, elle avait peur du jugement. Elle ne voulait surtout pas que ses admirateurs pensent qu'elle était un père inadéquat à cause de l'enfant qui pleurait. Justement, quelques personnes la reconnurent alors qu'ils quittaient l'hôpital. Évat s'imaginait déjà les magazines à potins lui consacrant quelques lignes dans leur prochain numéro.

« Toute visibilité est bonne à prendre », décida-t-elle finalement en haussant les épaules.

Elles se dirigèrent vers la voiture louée, entre autres pour faciliter les déplacements avec le bébé, pour y déposer Zach qui semblait s'être calmé un peu grâce au mouvement de balancier causé par la marche dans le stationnement.

— J'ai peur qu'il nous arrive un accident, s'inquiéta Leshi pendant qu'Évat s'assurait que la coquille était bien enclenchée sur la base.

— Je conduis prudemment, ne t'en fais pas. Regarde l'odomètre pour constater comme je roule tranquillement.

En route vers la maison, Évat ne savait pas trop comment réagir devant cette situation. Elle ne voulait pas trop s'attacher à Zach avant d'être certaine d'être le père. D'un autre côté, elle souhaitait aider son amie par solidarité, mais sans accepter officiellement la responsabilité si le test dévoilait que ce titre revenait plutôt à Brax.

Évat conduit tranquillement et avec encore plus d'attention que d'habitude pour rassurer la nouvelle maman. Elle se stationna finalement dans le garage de leur maison, juste à côté de sa moto.

— Nous sommes arrivés, Zach, chantonna Leshi en sortant du véhicule.

Le petit dormait paisiblement à l'arrière. Leshi saisit la coquille pour l'apporter dans la cuisine. Elle le déposa sur le sol pour le laisser se reposer un peu et elle décida de se préparer un café.

Même si elle avait peu dormi dans le lit inconfortable de l'hôpital, elle sentait l'adrénaline couler dans ses veines. Elle avait lu toutes les informations nécessaires pour remplir ses nouvelles fonctions de mère, mais le vivre était complètement différent et la peur de se tromper lui tordait le ventre. Détenir les connaissances ne suffisait pas. La théorie ne valait pas la pratique. En plus, elle se sentait encore plus inadéquate, puisqu'elle n'avait pas l'expérience d'une humaine.

Elle eut à peine le temps de boire deux gorgées avant que Zach ne se réveille. La journée allait être longue. Elle avait déjà hâte de se coucher.

Chapitre 3

Évat avait assisté à l'accouchement avec des sentiments mitigés, mais Zach avait rapidement gagné son cœur. Elle soutenait Leshi du mieux qu'elle le pouvait entre les boires et les nuits blanches. Elle apprit à changer les couches, donner le bain et laver les taches sur les petits pyjamas.

Elle entendit Zach geindre dans sa bassinette et courut à son chevet. Évat tombait de sommeil, mais elle voulait aider son amie encore plus épuisée qu'elle en lui apportant le bébé pour sa tétée. Ainsi, Leshi n'avait pas à se lever avec les quelques points que le docteur avait dû lui faire après l'accouchement.

Elle le saisit délicatement en prenant bien soin de soutenir sa tête et l'apporta à Leshi qui s'était endormie sur le divan en regardant la télévision. Elle lui parla doucement pour la réveiller.

Leshi se releva en essuyant un filet de bave sur sa joue. Elle ne s'était pas lavée depuis deux jours et portait le même pyjama depuis trop longtemps. Machinalement, elle releva son teeshirt difforme pour plaquer la bouche du bébé sur son sein. Zach cessa immédiatement de geindre et se mit à boire.

— Je suis une loque, marmonna Leshi. Personne ne m'avait dit que ce serait si exigeant.

— Tu t'en tires à merveille, tenta de la rassurer Évat sans

grande conviction.

Elle aussi se sentait fatiguée, alors elle n'osait imaginer l'épuisement de son amie.

* * *

Évat surveillait sa boite postale depuis deux jours. Elle s'attendait à recevoir le test de paternité sous peu et justement, un paquet s'y trouvait cet après-midi-là. Avec empressement, elle le saisit et rentra chez elle. Elle ouvrit la boite et appela Leshi.

Celle-ci sortit de la chambre de Zach, le bébé entre les bras. Elle était cernée, mais paraissait de bonne humeur.

— Zach suit très bien son horaire pour ses besoins. Je pense que j'ai donné naissance à un génie !

— Franchement !

— Je te jure, je note tout.

— C'est bien intéressant ce que tu me racontes, mais je veux te parler du test de paternité que je viens de recevoir.

Leshi fit la grimace.

— J'ai peur de savoir.

— Pourquoi ? Qu'est-ce que ça change pour toi ?

— Tout. Rien.

Évat inspecta le contenu de la trousse. Leshi s'avança pour lire tout haut les instructions.

— Il faut que tu frottes l'intérieur de ta bouche avec le bâtonnet ouaté, puis tu le mets dans le tube.

Évat s'exécuta tandis que Leshi inséra un autre outil de prélèvement entre les lèvres de Zach. Elles déposèrent les tubes dans la boite pour expédier les échantillons au laboratoire.

— Le paquet est préaffranchi. Je vais le glisser immédiatement dans la boite aux lettres.

Évat sortit. Elle avait trop hâte d'enfin savoir la vérité.

* * *

— L'hôpital m'a appelée ce matin. J'ai un rendez-vous demain.

— Pour ton cancer ?

— Premièrement, ce n'est pas mon cancer, c'est un cancer. Bref. Je dois passer un scan pour connaitre l'évolution des cellules malades. Ainsi, l'oncologue pourra prescrire le traitement adéquat et me donner plus d'informations sur ce qui m'attend.

Évat repoussa son assiette. Cette discussion lui coupait l'appétit.

— On dirait que j'avais oublié cette horreur. L'arrivée de Zach était si magique que je m'étais mise à croire à un miracle.

— Il ne sert à rien de s'inquiéter tant que nous n'aurons pas les résultats, tenta de se convaincre Leshi.

— Aimerais-tu que je t'accompagne ?

— En fait, je préfèrerais que tu restes avec Zach.

— Moi ? Je ne me sens pas prête.

— Tu t'en tireras très bien. Dis oui, tu es la seule personne en qui j'ai entièrement confiance.

Évat acquiesça en soupirant. En fait, elle avait peur de rester avec lui. Elle redoutait de ne pas être à la hauteur et de ne pas savoir comment consoler Zach s'il pleurait. Elle se sentait plus à l'aise dans son rôle de soutien.

— Je t'écrirai son horaire et les biberons seront prêts, dans le réfrigérateur. Il ne te restera plus qu'à les réchauffer.

Évat se sentit un peu rassurée. De toute façon, si elle était le père, autant s'habituer tout de suite à ses responsabilités. Et peu importe le résultat, son amie avait besoin d'elle.

$$* * *$$

Assise dans le bureau de l'oncologue, Leshi se tordait nerveusement les mains devant la femme qui lui expliquait la situation.

— Les scans que nous vous avons fait subir à la suite de votre accouchement démontrent que le cancer s'est propagé.

— Comment est-ce possible ? Ça ne fait que quelques semaines à peine.

— Les changements hormonaux liés à la grossesse peuvent stimuler la croissance des cellules cancéreuses. De plus, dans votre cas, je crois que quelques-unes se sont détachées de vos ovaires durant l'accouchement et se sont propagées à votre utérus.

Leshi n'arrivait plus à retenir ses larmes.

— Je ne peux pas mourir. Je suis mère. Mon fils a besoin de moi.

— Nous avons développé des traitements qui ont démontré leur efficacité. Je vous recommande un protocole en chimio-thérapie.

— Quand puis-je commencer ?

— Nous vous contacterons bientôt pour votre premier rendez-vous.

— Quel sera le processus par la suite ?

— Après trois traitements, nous ferons un nouveau scan

pour voir si le médicament est efficace.

Leshi eut de la difficulté à quitter le bureau de l'oncologue tant ses jambes étaient faibles. Ces nouvelles informations l'avaient complètement assommée. Alors qu'elle flottait sur son nuage de bonheur avec sa grossesse, elle n'avait pas mesuré le risque qu'elle prenait en retardant son traitement contre le cancer. Maintenant que Zach était né, elle était prête à tout pour vivre, pour être là pour lui.

* * *

Évat accueillit Leshi à la porte, Zach endormi dans ses bras. Elle était impatiente de savoir comment s'était déroulé son rendez-vous, mais elle s'inquiéta immédiatement en croisant le regard éteint de Leshi. Elle ne l'avait jamais vue aussi dépitée.

— Alors ? Raconte-moi tout.

Elle l'entraina vers la table de la cuisine et l'invita à s'assoir. Leshi se déplaçait comme une automate. Évat lui déposa doucement Zach entre les bras. En le serrant contre son cœur, Leshi se mit à sangloter.

— Laisse-moi te préparer du thé, lui offrit Évat.

Cette activité donna du temps à Leshi pour retrouver son calme. Évat s'installa devant elle avec deux tasses. Elle ne poussa pas Leshi à parler et patienta jusqu'à ce qu'elle soit prête à s'ouvrir.

— Tu avais raison, Évat. Je n'aurais pas dû attendre.

— Que t'a dit l'oncologue ?

— L'accouchement a fait en sorte que les cellules cancéreuses se sont propagées. Le cancer est maintenant présent non seulement sur mes ovaires, mais aussi dans mon utérus. Qui sait où d'autres cellules iront se loger.

Évat se mit à pleurer. Elle n'arrivait pas à croire que la situation avait pu empirer aussi rapidement.

Elles restèrent un moment en silence pour gérer la douleur intense qui les submergeait.

— Je suis là pour toi et pour Zach. Ne t'inquiète pas.

* * *

Un peu plus tard le même jour, Évat découvrit l'enveloppe qu'elle guettait avec impatience dans la boite aux lettres. Comme Leshi était partie marcher avec Zach, elle l'attendit avant de la décacheter. Elle voulait découvrir la réponse en même temps qu'elle. Enfin, Leshi entra avec Zach dans les bras.

— Les résultats sont arrivés.

Évat était installée dans la salle à manger, l'enveloppe posée sur la table. Leshi prépara un biberon pour Zach, puis vint s'assoir en face d'elle.

— Veux-tu être le père ? demanda Leshi.

— Veux-tu que je le sois ?

Elles se regardèrent en silence.

Évat poussa l'enveloppe vers Leshi.

— Je pense que c'est toi qui devrais l'ouvrir.

Leshi remit Zach à Évat pour qu'il continue de boire son biberon dans ses bras. Avec hésitation, elle déchira l'enveloppe en insérant l'index sous le rabat.

Elle sortit une simple feuille. Évat fut surprise de constater que si peu de mots, contenu dans une courte lettre, pouvaient radicalement changer le cours de sa vie. Elle attendait avec angoisse que Leshi prenne la parole. Celle-ci leva les yeux seulement après ce qui lui parut une éternité.

— Tu n'es pas le père.

— Donc, Brax est le géniteur ?

Leshi hocha la tête.

— Tu en es bien certaine ? Tu n'as pas aussi couché avec Vincent à cette période ?

— Non. Ce ne peut être que Brax.

Il n'y avait plus rien à ajouter. Évat remarqua que Leshi était déjà plongée dans ses pensées. Elle devait réfléchir à l'annonce qu'elle aurait à faire.

* * *

Une fois sa journée terminée, Leshi put enfin trouver un peu d'intimité et de repos dans sa chambre. Allongée sous les couvertures, elle repensa aux résultats du test de paternité. « Je ne sais plus quoi ressentir », pensa Leshi avec désarroi.

D'un côté, elle était ravie de conserver un peu de Brax dans sa vie, même si c'était indirectement par les chaines ADN de son hôte humain. D'un autre côté, elle aurait préféré ne pas avoir à gérer toutes les complications qui ne tarderaient certainement pas à survenir. Elle s'imaginait que Brax ne pourrait rester indifférent à l'avenir de Zach et cacher son fils à Kimberley ne pouvait que lui poser des problèmes.

Pourtant, il n'y avait pas d'autres solutions. Elle devait contacter Brax au plus tôt pour affronter la situation. Sa résolution prise, elle lui envoya un message texte sur le champ pour lui donner rendez-vous.

****

Quand Brax reçut le message texte de Leshi, son estomac se tordit. Même si elle ne faisait que lui donner rendez-vous, il était convaincu avec cette communication qu'il était le père de Zach. Dans le cas contraire, Leshi lui aurait simplement annoncé la nouvelle par texto plutôt que de chercher à le rencontrer.

Il se prit la tête entre les mains. Comment allait-il gérer son nouveau rôle de père sans que Kimberley s'en doute ? Sa vie devenait de plus en plus compliquée.

****

Évat se trouvait minable d'être si soulagée de ne pas être le père de Zach. Même si elle avait appris à apprécier la présence de l'enfant dans sa vie, elle n'avait pas envie d'en prendre formellement la responsabilité. Certes, elle participait aux tâches quotidiennes pour en prendre soin, mais elle aidait par plaisir et non par obligation. Elle pouvait se permettre de contribuer financièrement aussi.

Une voix résonna dans son cerveau. « Tu gardes ta liberté. »

Elle se frappa la tempe pour faire taire cette voix.

« Je sais que tu m'entends. Pourquoi ne pas s'amuser

ensemble ? »

— La ferme !

« Tu as volé mon corps avant que je termine ma mission. Tu dois m'aider. »

Évat ne voulait plus l'entendre, mais la voix de Thomas commençait à se faire de plus en plus présente.

Heureusement pour elle, les quelques mots formulés dans son esprit semblaient avoir épuisé toute l'énergie de l'essence persistante de Thomas. Pour le moment, du moins.

Évat ne voulait pas s'avouer vaincue. Elle trouverait la solution sans demander d'aide à Brax.

Comme il n'arrivait pas à l'aider à se débarrasser de Mathieu qui s'acharnait à vouloir renouer avec elle qui déambulait sous les traits de son ami d'enfance, comment pourrait-il se rendre utile avec Thomas? Celui-ci n'avait aucune existence matérielle, il était bien enfoui dans les méandres de son cerveau, inaccessible.

* * *

Brax avait accepté de rencontrer Leshi chez elle, sur son territoire. Pour justifier son retard à Kimberley, il avait prétendu terminer un peu plus tard à la clinique. Sa femme l'attendait pour le souper et il n'avait pas l'intention de s'éterniser. De toute façon, il ne voulait pas se créer d'espoir avec cette rencontre.

En arrivant devant la maison qu'Évat avait achetée, il l'admira avec soulagement. Il s'était toujours senti coupable de savoir que Leshi vivait dans un appartement désuet alors que lui se prélassait dans une luxueuse et spacieuse maison dans un quartier recherché. Maintenant, il n'avait plus à s'inquiéter de cette iniquité grâce à tout l'argent d'Évat.

Il activa la sonnette. Il entendit des cris de bébé et des pas rapides qui arrivaient vers la porte qui s'ouvrit.

Leshi portait un pyjama mou, délavé et taché à deux endroits. Ses cheveux étaient relevés en une queue de cheval. Des poches décoraient ses yeux fatigués.

Zach pleurait entre ses bras

— Entre.

Brax tendit les bras.

— Laisse-moi m'en occuper pendant que tu prends une douche.

— Tu es sérieux ? Quel bonheur, de l'eau chaude et du savon !

Zach continuait de s'époumoner entre les bras de son père.

— C'est l'heure de son biberon ?

— Non ! Je ne sais pas pourquoi il pleure. Il vient de manger et je l'ai changé.

— Il fait peut-être des coliques.

— Aucune idée. J'ai besoin de cinq minutes pour me laver et nous pourrons discuter après.

— Aucun problème. Tu peux même prendre dix minutes. Ça me laissera un peu de temps pour connaitre mon fils.

Leshi ne le détrompa pas. Brax s'imaginait qu'elle devait être soulagée qu'il ait deviné de lui-même le but de leur rencontre. Elle s'éclipsa le temps de se doucher et de se changer pendant que Brax tentait de calmer Zach en le berçant et en lui chantant des comptines.

Leshi revint rapidement avec un pantalon et un chandail propre, ses cheveux mouillés enroulés dans une serviette blanche.

— Je ne peux pas m'attarder. Kimberley m'attend.

Brax nota que les épaules de Leshi s'affaissèrent au nom de sa femme.

— Je voulais simplement t'annoncer la nouvelle de vive voix. Zach est ton fils.

Brax n'osa pas lui demander de preuves. Il savait très bien que Leshi ne mentirait pas là-dessus.

— Comment vas-tu ?

— Je suis épuisée.

Leshi hésita. Elle n'avait pas pu parler de sa maladie avec Brax et voilà que se présentait l'occasion idéale.

— Puisque tu es là, autant tout te dire. Ils ont découvert quelque chose à l'échographie, commença-t-elle.

Brax la regarda avec des yeux interrogateurs, mais la laissa poursuivre.

— J'ai un cancer des ovaires. Je commence la chimiothérapie bientôt.

Un long silence emplit la pièce. Même Zach se calma, comme s'il avait ressenti un changement dans l'atmosphère.

— Je suis là pour t'aider. Je peux voir si ma nounou peut garder Zach à l'occasion.

— Ça ne serait pas de refus, surtout les jours où je dois aller à l'hôpital. Évat ne sera pas disponible dès que le tournage recommencera.

Brax se leva et rendit Zach apaisé à Leshi.

— As-tu besoin d'argent pour lui ?

— Pas pour le moment.

— Je dois y aller.

— Merci d'être passé.

Il frôla son épaule en sortant.

— Tiens-moi au courant pour tes traitements. Et envoie-moi

des photos de Zach à l'occasion.

— Je n'y manquerai pas.

Brax quitta la maison pour retrouver Léa-Rose et Kimberley.

Chapitre 4

Malgré les nuits entrecoupées, les pleurs réguliers et la menace d'un cancer planant sur elle, Leshi gardait le moral. Elle comprenait que la situation avec le bébé était temporaire et elle gardait espoir de vaincre la maladie.

Elle comptait également sur le soutien d'Évat et Brax.

Cependant, elle avait remarqué un comportement étrange chez son fils. Son regard ne semblait pas réagir adéquatement selon les situations. Leshi mit cette inquiétude sur le compte de son manque de connaissances sur la race humaine. Ses attentes pouvaient être démesurées.

Quand elle avait appris qu'elle avait droit à un congé parental de trente-six semaines, elle avait tout de suite eu la ferme intention de profiter de chaque seconde. Tant pis pour sa carrière. Elle aurait bien le temps de s'y remettre.

* * *

Évat s'était rendue à l'épicerie et elle se promenait entre les rangées, à la recherche des nombreux aliments que Leshi lui avait demandés. Elle lui avait préparé une liste précise et Évat désespérait de trouver et réunir toutes ses demandes.

Évat faisait elle-même rarement l'épicerie, mais elle avait préféré s'en charger plutôt que de veiller sur Zach à la maison. Elle avait besoin d'air. Le bébé pouvait pleurer sans raison durant des heures et Évat n'avait pas la force mentale pour subir une telle torture.

Alors qu'elle se penchait pour comparer deux types de yogourt, elle entendit quelqu'un s'approcher d'elle.

— Thomas !

Évat se retourna en s'attendant à voir un de ses admirateurs. Après tout, même si le tournage était en pause pour l'été, les téléspectateurs ne l'avaient pas oubliée. Cependant, elle agrandit les yeux en reconnaissant Mathieu.

— Mathieu ! Quelle surprise de te voir ici !

— Je dois manger, moi aussi, plaisanta-t-il.

Évat se força à sourire. Elle n'avait pas du tout envie d'entretenir une conversation avec lui, mais elle sentait qu'il s'attendait à quelque chose d'elle.

— Toujours bien occupé avec ton travail ? demanda-t-elle pour faire bonne figure.

— Malheureusement, les criminels ne prennent pas de vacances.

— Bon, je vais y aller avant que ma crème glacée ne fonde.

Évat remarqua que Mathieu jeta un regard à son panier.

— Enfin, je ne l'ai pas encore choisie, mais je m'y rendais de ce pas. À la prochaine ? lui lança-t-elle en lui tournant le dos en espérant ne plus jamais le revoir.

— Attends !

Mathieu la suivait en poussant son panier. Évat se retourna avec réluctance.

— Il faut aller prendre un verre bientôt et rattraper le temps perdu, suggéra-t-il.

Évat ne s'arrêta pas, mais Mathieu ne se décourageait pas et marchait à ses côtés. Elle eut l'idée d'abandonner son panier sur place et de se sauver en courant. Cependant, ce comportement aurait probablement attisé encore plus l'attention de l'enquêteur, ce qu'elle voulait éviter à tout prix.

— Certainement, lui répondit Évat en se jurant de ne jamais accepter cette invitation.

— Laisse-moi ton numéro de téléphone.

— Tu m'as déjà donné ta carte. Je t'appellerai.

— Je préfère le faire moi-même étant donné que tu ne l'as jamais fait à la suite de ma visite chez toi.

Évat ne savait plus comment se tirer de ce mauvais pas avec élégance. Elle se résigna donc à lui dicter son numéro pour que Mathieu le sauvegarde dans son téléphone. Elle se promit de ne pas répondre à son appel.

— Super. Je te laisse choisir ta crème glacée en paix, la taquina Mathieu.

Il s'éloigna en lui faisant un petit geste de la main.

Évat remarqua que ses genoux tremblaient. Elle prit un moment pour se calmer. Elle n'avait plus qu'une envie : sortir de l'épicerie au plus vite. Elle oublia la crème glacée et se dirigea vers les caisses enregistreuses.

« J'espère que Brax trouvera une solution au plus vite. Cet homme va bientôt nous causer trop de soucis. »

* * *

Évat revint rapidement à la maison pour tout raconter à Leshi. Celle-ci écouta son histoire avec attention, mais Évat sentait que c'était plutôt Mathieu qui l'intéressait.

— Est-ce que tu vas le revoir ? demanda Leshi.

— Tu n'entends pas ce que je te dis ? Il faut se débarrasser de lui.

Évat avait haussé la voix.

— D'accord, ne t'emporte pas. Je viens juste d'endormir Zach. Je vais aller faire une sieste aussi. Je suis vidée.

Évat s'en voulait d'avoir perdu patience. Leshi affrontait courageusement tous les obstacles que lui envoyait la vie et Évat se dit qu'elle devrait en faire autant.

« Et si tu me laissais m'occuper de lui ? » proposa la voix immatérielle de Thomas du fond de son cerveau.

Pendant une seconde, Évat considéra cette offre venue de son hôte humain. Cependant, il ne serait pas raisonnable de se fier à Thomas pour exécuter une manœuvre aussi délicate. Mathieu était un enquêteur. S'il venait à mourir, la police ne laisserait certainement pas le meurtrier courir bien longtemps. Évat n'avait aucune envie de se retrouver en prison.

* * *

Ce matin-là, l'été donnait aux Montréalais une ultime journée de chaleur, alors que Leshi se rendait avec appréhension à son premier traitement de chimiothérapie.

Son oncologue lui avait prescrit une dose pendant trois jours suivie d'une période de repos d'environ un mois. Cette méthode pouvait se répéter jusqu'à quatre fois si elle démontrait son efficacité. L'oncologue vérifierait les résultats à la suite d'un autre scan prévu après le deuxième traitement.

Il faisait un froid intolérable dans l'hôpital. Leshi frissonna dans son pantalon court. Elle dut attendre son tour sur une chaise inconfortable.

Finalement, elle passa dans une salle où une infirmière lui inséra une aiguille dans le bras. Le liquide s'écoulait dans ses veines, brulant tout sur son passage. Leshi pleura en silence. Malgré ce qu'elle avait lu sur internet, elle avait gardé espoir de ne pas trop souffrir, mais la sensation était intolérable. Elle s'accrocha à l'image de son fils pour arriver à supporter la douleur, jusqu'à ce que tout le liquide soit entré dans ses veines.

Avant que l'infirmière ne revienne, Leshi essuya ses joues. Avec soulagement, elle vit l'aiguille sortir de son bras et, si ses jambes avaient pu la porter plus fermement, elle aurait couru hors de l'hôpital.

* * *

Peu importe l'attitude rébarbative de Thomas, Mathieu ne voulait pas faire une croix sur son amitié avec lui. Son instinct d'enquêteur lui signalait que quelque chose ne tournait pas rond, mais il n'arrivait pas à mettre le doigt dessus. Thomas avait toujours été son ami le plus secret et mystérieux, mais son comportement depuis sa sortie de l'institut psychiatrique le laissait perplexe.

Thomas était un homme solitaire, mais il n'avait jamais coupé le contact avec Mathieu aussi longuement. Est-ce que sa maladie mentale avait causé son éloignement ? Avait-il honte de sa condamnation ?

De plus, Mathieu s'ennuyait tout simplement de son ami. Ils se connaissaient depuis si longtemps et Thomas arrivait toujours à le faire rire avec ses remarques sarcastiques et son interprétation originale du monde. Il lançait des commentaires auxquels Mathieu n'osait même pas penser et c'était rafraichissant.

Mathieu n'arrivait pas à croire que Thomas fut réellement impliqué dans la mort de sa femme. Il devait y avoir une autre explication. Comment Thomas aurait-il pu être un meurtrier sous son nez alors qu'il était un enquêteur expérimenté ?

Autant de questions ne pouvaient rester sans réponse pour Mathieu. Il décida de profiter de ses temps libres pour suivre son ami et en apprendre plus sur sa nouvelle vie.

* * *

Une routine rassurante s'installa dans la maison d'Évat. L'été d'Évat s'était écoulé au rythme des promenades à moto et de la création de vidéos, alors que Leshi se concentrait sur les biberons, les siestes et la stimulation mentale et psychomotrice de Zach.

Bien qu'elle ait apprécié ses vacances, Évat avait hâte de retourner sur le plateau pour ajouter un peu de piquant à sa vie qu'elle commençait à trouver monotone. Même les excès de vitesse ne lui procuraient plus l'adrénaline tant recherchée.

« Tu veux ressentir l'exaltation ? » susurra Thomas.

Sans réfléchir, Évat lui répondit. « Oui. »

« Il est temps de sortir. »

Évat se leva sans même éteindre son ordinateur. Elle passa à côté de sa caméra vidéo sans même esquisser un geste dans sa direction. Elle n'avait pas l'intention de filmer quoi que ce soit de cette soirée. Un frisson d'excitation la parcourut.

* * *

Posté à l'extérieur dans sa voiture, Mathieu constata que la lumière venait de s'éteindre dans la chambre de Thomas. Il présuma que Thomas s'était couché tôt et il allait partir lorsqu'il remarqua que la porte du garage s'élevait. Une moto sortit et Mathieu était convaincu que Thomas en était le conducteur.

Discrètement, il s'engagea sur la voie derrière son ami et le suivit de loin à travers les quartiers de Montréal. Finalement, Thomas s'arrêta sur la rue Crescent, qui bouillonnait d'actions en cette soirée estivale. Alors que celui-ci n'eut aucun mal à se stationner entre deux voitures, Mathieu ne trouvait pas d'espace libre.

Il ralentit en regardant Thomas entrer dans un bar. Il serait trop risqué de le suivre, car il ne voulait pas que Thomas le voit. Celui-ci supposerait tout de suite qu'il l'espionnait et il risquait de provoquer sa colère.

Un véhicule klaxonna pour lui intimer de dégager la voie, alors Mathieu n'eut d'autre choix que d'avancer. Comme par enchantement, une berline quitta son emplacement et Mathieu put s'y glisser. De sa voiture, il pouvait avoir l'œil sur le bar.

Comme il se faisait tard et qu'il devait se lever tôt pour le travail, il ne pouvait se permettre de s'attarder plus de quarante minutes. Si Thomas ne ressortait pas d'ici là, il devrait être raisonnable et rentrer se coucher.

* * *

Alors que la musique lui défonçait les tympans et qu'elle se glissait entre les corps en sueur du bar, Évat remettait en question son choix. Elle savait pertinemment qu'écouter Thomas était de la folie. Mais sa curiosité l'emporta. Elle voulait se sentir vivante.

Évidemment, plusieurs personnes la reconnurent et une foule commença à l'entourer. Elle se dirigea lentement vers le bar en signant des autographes sur son passage.

Elle n'avait pas anticipé que cet engouement allait lui procurer une telle joie. Elle remarqua que la célébrité lui allait de mieux en mieux.

Quand elle rejoignit enfin le comptoir, elle commanda un gin-tonic.

« Que dois-je faire maintenant ? »

« Patience », lui répondit Thomas.

Évat s'amusait d'attirer les regards et l'attention de tant de femmes. Elles l'abordaient toutes chacune à leur manière. Soudain, une plantureuse femme se déhancha jusqu'à elle et elle sut au frisson qui la parcourut que c'était la bonne. La décharge de désir lui coupa le souffle.

« On la sort d'ici, » grogna Thomas, manifestement en accord avec son choix. Ou est-ce celui de Thomas qui se propageait en elle ?

Évat se régalait à l'avance devant les courbes généreuses de la femme. Celle-ci se pencha vers Évat pour lui parler à l'oreille.

— Tu es encore plus beau que dans ma télévision.

Évat ne put s'empêcher d'admirer son audace. Qui chassait qui ?

— J'attendais qu'une femme me le confirme.

Son interlocutrice rit.

— De toutes celles qui te tournent autour ce soir, personne ne te l'a dit ?

— Non, il faut croire que tu es la seule à avoir de bons yeux.

Elles bavardèrent un moment, mais il était clair pour Évat que l'attirance était réciproque. Viviane riait de toutes ses blagues et lui caressait sans cesse le bras.

Elle la désirait intensément, mais, dans un éclair de lucidité, elle comprit qu'elle ne devait pas être vue quittant les lieux avec elle. Elle décida de lui donner rendez-vous à l'extérieur.

— Si ça t'intéresse, rejoins-moi en face de l'hôtel Delta.

— Je sais où c'est.

— Attends au moins dix minutes avant de partir.

Viviane lui fit un clin d'œil complice. Alors qu'Évat s'éloignait, elle lui effleura les fesses et le membre d'Évat se raidit. Elle se retint pour ne pas se jeter sur elle pour l'embrasser à la vue de tous. Elle se maitrisa difficilement et se dirigea vers la sortie, non sans devoir signer encore quelques autographes.

Elle n'avait que deux coins de rue à parcourir avant d'arriver à l'hôtel Delta. Étrangement, elle savait exactement quelle direction prendre. Elle se laissa guider par ses pas, ou plutôt par Thomas.

Une fois arrivée devant la porte tournante, Évat se dissimula dans l'ombre et attendit. Au bout de quelques minutes, le son de talons aiguilles se fit entendre. Évat sourit. Alors qu'elle saluait sa victime d'un langoureux baiser, tout devint noir.

* * *

Le lendemain matin de son aventure dans la ville, Évat se réveilla dans son lit. Elle n'avait plus aucun souvenir de ce qui s'était produit entre l'hôtel et sa chambre.

Comme à son habitude, elle jeta un coup d'œil à son téléphone avant de se lever pour prendre son déjeuner. À son immense déplaisir, elle constata qu'elle se trouvait à la une de la revue Échos Vedettes du mois.

Les journalistes avaient décidé de déterrer le passé peu reluisant de Thomas Paré. Ils retournaient son procès et les preuves incriminantes dans tous les sens, soulevaient chaque roche pour découvrir des secrets plus ou moins véridiques sur lui.

En fait, Évat elle-même ne détenait pas toute la vérité. La personne qui connaissait le mieux Thomas était Mathieu, ou peut-être Brax puisqu'il lui avait servi de psychothérapeute durant plusieurs semaines à la suite de sa présumée psychose et du meurtre de sa femme. Toute cette polémique demeurait nébuleuse et Évat se reprochait de ne pas y avoir prêté plus d'attention avant aujourd'hui. Elle voulait simplement tracer une ligne sur cette histoire obscure qui ne lui appartenait pas et vivre sa vie comme elle l'entendait. Sauf qu'à présent, elle ne pouvait plus échapper au passé qui refaisait surface pour la hanter.

Le téléphone d'Évat sonna entre ses mains alors qu'elle lisait l'article. La vibration la fit sursauter. Le numéro de l'agence d'artistes s'afficha sur l'écran.

— Thomas ? Claudine Samson. As-tu vu l'article sur toi ce matin ?

— Oui, avoua Évat avec appréhension.

— J'espère que le public ne t'en tiendra pas rigueur, mais nous devrons suivre la situation de près.

— Pourtant, vous connaissiez mes antécédents avant de me proposer de me représenter, non ?

— Oui. Nous avons pris un risque calculé. Avec un peu de chance, un nouveau scandale viendra bientôt remplacer celui-ci.

Elles raccrochèrent.

Chapitre 5

Après tous les rebondissements qui l'avaient secoué depuis son arrivée sur Terre, Brax sentait enfin qu'il avait sa vie sous contrôle.

Léa-Rose grandissait et elle s'exprimait de plus en plus, ce qui facilitait son travail de père. Elle pleurait beaucoup moins, puisqu'elle demandait ce dont elle avait besoin autrement. Kimberley lui avait même appris quelques mouvements du langage des signes pour bébé, ce qui facilitait d'autant plus la communication.

La seule épine à son pied était la présence menaçante de Mathieu qui tournait autour d'Évat. Il avait beau réfléchir à la situation, il ne voyait pas comment le sortir de leur vie.

Peu importe la froideur qu'Évat lui témoignait, Mathieu semblait attiré comme un aimant vers son ancien ami. Il obtenait un compte-rendu d'Évat par messages textes chaque fois qu'elle le croisait sur sa route.

Avec l'article à la une de l'Échos Vedette, Mathieu risquait de s'accrocher davantage. Résoudre les mystères faisait partie de son ADN. Il ne saurait résister à ce casse-tête et il s'incrusterait encore plus. Comment s'en débarrasser en évitant d'avoir un cadavre sur les bras ?

— Chéri ? Es-tu prêt ? Nous allons être en retard, lui cria

Kimberley alors qu'il se trouvait dans son bureau à l'étage à ruminer.

— J'arrive, l'informa-t-il avant d'éteindre son ordinateur.

* * *

Assise dans la salle d'hôpital déprimante avec ses murs vert pâle, Leshi en était à son deuxième traitement de chimiothérapie. Elle avait commencé à perdre des cheveux et son apparence la désolait. Ses yeux semblaient s'enfoncer dans son crâne et elle peinait à se lever.

Elle était arrivée à son rendez-vous la tête basse. Elle avait confié Zach à Évat pour l'après-midi. Elle aurait souhaité être n'importe où ailleurs, mais si elle voulait vivre, elle n'avait pas le choix de recevoir son traitement.

Pour s'encourager, elle pensa au joli visage de son fils. Il était tout simplement merveilleux. Leshi n'aurait jamais imaginé ressentir un bonheur aussi grand que celui que lui procurait être mère.

Elle regarda avec effroi l'infirmière qui s'approchait d'elle avec son matériel. Leshi refoula ses larmes. Elle ne voulait pas pleurer devant les autres patients qui recevaient tous leur chimiothérapie en même temps qu'elle.

Après l'avoir saluée, l'infirmière chercha la veine avec l'aiguille, envoyant des décharges de douleur dans le bras de Leshi. Enfin, elle l'inséra correctement et le liquide commença à lui bruler l'intérieur. Leshi serra les dents.

Elle attendit patiemment que toute la solution chimique s'écoule dans son bras, essayant de s'imaginer qu'elle se trouvait n'importe où ailleurs.

* * *

Lorsque Leshi rentra à la maison après son rendez-vous à l'hôpital, Évat ne put s'empêcher de remarquer à quel point la maladie l'avait affaiblie.

Ses cheveux étaient ternes et clairsemés, alors que sa peau paraissait cireuse. L'éclat de vivacité qui illuminait autrefois son regard avait disparu.

Évat était désolée de la situation et se sentait impuissante devant la descente aux enfers de sa meilleure amie.

— Zach s'est endormi. Je l'ai couché exactement à l'heure que tu m'avais indiquée.

Évat espérait lui remonter le moral en lui parlant de Zach.

Leshi se laissa tomber dans un fauteuil au salon. Évat vint la rejoindre.

— Prendrais-tu un verre de vin ?

— En plein après-midi ? Certainement.

Évat se précipita à la cuisine et sélectionna une bouteille qu'elle déboucha promptement. Elle apporta une généreuse coupe à Leshi qui en admira distraitement la robe rubis avant d'en déguster une gorgée.

— Merci. Une chance que tu es là.

— Je ne peux pas faire grand-chose pourtant.

— Tu ne peux peut-être pas me guérir, mais ton soutien est inestimable.

Leshi vit tourner le vin dans son verre.

Évat choisit de changer de sujet. Elle ne voulait plus penser

47

au cancer.

— Je retourne sur le plateau de tournage lundi. J'ai hâte !

— As-tu reçu ton texte ?

— Oui, ce matin.

— Je peux t'aider à répéter.

— Je n'osais pas te le demander.

En prononçant ces mots, Évat se mordit la lèvre. La raison pour laquelle elle ne lui avait pas parlé de son texte était qu'elle ne voulait pas la fatiguer. Encore le spectre du cancer qui dansait entre elles.

Leshi ignora son malaise.

— Ça me fait plaisir ! Je me sens privilégiée de connaitre les rebondissements de la télésérie la plus populaire du Québec avant tout le monde.

— Si tu insistes, dit Évat en souriant.

— Zach pourra te voir en plein travail !

Comme s'il avait entendu son nom, Zach se mit à pleurer, alors Leshi se leva pour aller le chercher dans sa chambre.

* * *

Après la soirée où il l'avait suivi sur la rue Crescent, Mathieu s'était posté à nouveau devant la maison de son ami à trois reprises, mais il ne l'avait plus vu sortir.

Pour la quatrième fois, il stationnait sa voiture sous un grand chêne du voisin d'en face, puis il s'installa sur le siège du passager pour épier par les fenêtres illuminées. Puis, quand toutes les lumières s'éteignirent, il reprit le chemin de la maison.

Il se sentit pathétique d'épier un ami qui ne voulait manifestement plus de lui dans sa vie. À trente-cinq ans, il mangeait seul tous les soirs devant la télévision. Force lui fut d'admettre que sa solitude lui pesait.

Il n'avait pas imaginé que sa vie serait ainsi. Bien qu'il soit un bel homme avec une carrière florissante, il avait de la difficulté à attirer les femmes. Il se désespérait d'un jour rencontrer celle qui saurait faire battre son cœur et pour qui l'amour serait réciproque.

****

Pour son premier jour de travail, Évat s'était réveillée très tôt. Elle était enthousiaste à l'idée de débuter l'enregistrement de la deuxième saison de la télésérie « Vies d'enquêteurs ». L'engouement du public se maintenait et les analystes entretenaient l'espoir que les cotes d'écoute soient aussi bonnes, sinon meilleures que l'année précédente.

La veille, Leshi l'avait aidée à réviser son texte et elle se sentait fin prête pour retourner au studio. Bien qu'elle se soit gardée occupée avec ses capsules pour YouTube, elle avait développé plusieurs systèmes pour augmenter sa productivité, ce qui lui laissait trop de temps libre à son gout. Elle avait hâte de retourner sous les projecteurs.

Elle enfourcha sa moto et se dirigea vers le studio de production. Elle avait toujours accès au stationnement privé et sa carte magnétique fonctionnait aussi. Avant d'arriver sur les lieux, Évat avait eu peur à l'idée que son travail de comédienne ne soit qu'un rêve, comme si tout était trop beau pour être vrai.

Elle pénétra dans le studio et se dirigea vers la salle qui était utilisée pour les réunions d'équipe. En remontant le long corridor, elle entendait les rires et les conversations qui s'amplifiaient au fur et à mesure qu'elle s'approchait.

— Thomas !

Plusieurs de ses collègues l'accueillirent chaleureusement. Elle se sentait bien entourée de ces humains qu'elle avait appris à connaitre et à apprécier. Elle serra plusieurs mains avant que le réalisateur prenne la parole.

— Bon retour à tous pour cette deuxième saison de « Vies d'enquêteurs » !

Tous les artistes applaudirent avec engouement.

— Nos scénaristes nous ont concocté une histoire particulièrement intéressante et je suis convaincu que chacun d'entre vous éprouvera encore une grande fierté de participer à ce projet.

Une actrice siffla.

— Merci à tous et hop, au travail !

* * *

Alors qu'elle donnait son meilleur sur le plateau, Évat entra dans un état de transe. Elle était si concentrée qu'elle décrocha de la réalité, se plongeant totalement dans son travail et se prenant réellement pour un enquêteur. Alors qu'elle livrait la meilleure performance de sa carrière, elle sentait qu'elle perdait pied et basculait dans l'inconscience. Cette perte de contrôle l'effrayait. Elle savait d'expérience que lorsqu'elle se laissait aller ainsi, elle avait l'impression que Thomas refaisait surface.

À la fin de la première journée, Évat ne put retenir un cri primal qui fit écho dans tout le studio. Tout son être semblait hurler, débridé. Une fois ses poumons vidés de ce long rugissement, Évat vit les visages interrogateurs ou dégoutés autour d'elle, en silence. Extrêmement embarrassée, elle sortit en courant alors que tous ses collègues la regardaient se sauver.

Elle claqua la porte du studio derrière elle et démarra le moteur de sa moto dans un grondement. Elle quitta le stationnement à toute vitesse, ignorant les limites pour s'éloigner le plus vite possible de la honte et se mettre à l'abri des regards dans sa maison.

Dans un temps record, elle tourna le coin de sa rue. Elle appuya sur le bouton pour activer la porte de garage et elle rentra.

Assise sur sa moto, à bout de souffle, le cœur battant à toute vitesse, elle prit un instant pour se ressaisir.

Il était plus que temps qu'elle pile sur son orgueil et demande de l'aide, car la situation dépassait ses compétences.

Le rire de Thomas résonna dans sa boite crânienne. « Tu ne paies rien pour attendre », le menaça Évat.

✳ ✳ ✳

L'attitude positive de Leshi était moins inébranlable qu'au début du traitement. La chimiothérapie donnait la nausée à la patiente et elle remarquait qu'elle était plus sensible aux odeurs. Elle ne pouvait plus tolérer son propre parfum, dont elle avait lancé la bouteille à la poubelle.

Même si Zach était un bébé assez tranquille, Leshi était quand même épuisée.

En plus, le comportement de son fils la laissait perplexe. Elle avait lu sur le développement cognitif des bébés de son âge sur internet et il ne semblait pas se conformer aux descriptions. À un peu plus de trois semaines, Leshi estimait qu'il aurait dû démontrer plus d'intérêt et de curiosité pour son entourage.

Même si elle n'avait jamais ressenti le besoin de s'entourer d'êtres humains, elle commençait à se sentir seule devant les nouveaux défis de la vie. Elle passait presque toute la journée avec Zach et elle n'avait pas l'occasion d'entretenir des discussions sérieuses avec d'autres adultes, comme elle l'aurait fait à l'université ou au laboratoire. La seule personne avec qui elle pouvait discuter un peu était Évat, mais ce n'était plus suffisant.

* * *

Évat et Brax s'étaient donné rendez-vous dans un parc près de sa clinique privée. À l'abri de la curiosité de Leshi, Évat pouvait non seulement discuter de Mathieu, mais elle avait aussi prévu confesser à Brax que Thomas résidait encore dans son corps, avec elle. Elle choisit d'aborder le sujet de Mathieu en premier, puisque Brax était déjà au courant de ce problème.

— La seule solution pour se débarrasser de Mathieu est de le tuer. Je ne vois aucune autre possibilité.

— C'est trop risqué. Commettre le crime parfait me semble impossible avec toute la technologie utilisée par les policiers pour identifier les coupables.

— Nous aurions peut-être quelqu'un d'expérience pour nous aider.

— Évat ! Ne me dis pas que tu as consulté quelqu'un à ce sujet. Personne ne doit soupçonner notre implication dans une éventuelle disparition.

Évat observa quelques passants pour éviter de regarder Brax dans les yeux.

— Je t'ai caché quelque chose.

— Parle !

— Il se pourrait bien que je ne sois pas la seule à habiter ce corps.

— Que veux-tu dire ?

— Thomas est toujours là.

— Impossible.

Brax secoua la tête.

— Son essence aurait dû quitter son corps dès le moment où tu as été transférée.

— Il semble que ta technique ne soit pas infaillible, puisqu'il me parle, insista Évat.

— Incroyable.

Il se concentra un moment.

— Depuis quand as-tu remarqué sa présence ?

— Quelques mois, dit-elle pour rester vague.

Brax demeura silencieux, perdu dans ses pensées. Évat respecta son temps de réflexion en espérant qu'il arriverait à trouver une idée géniale pour les sortir de ce pétrin. L'espace d'un instant, elle regretta sa routine sur Gallagia, certes moins excitante, mais plus prévisible et rassurante.

— Donc, tu penses que Thomas pourrait nous aider à tuer Mathieu et ensuite nous pourrions essayer de nous débarrasser de lui ?

— C'est une option.

— Je ne peux pas croire que nous en sommes rendus là. Je pense que je préfèrerais te libérer de Thomas en premier. Rien ne nous assure que nous pouvons lui faire confiance.

— Effectivement, approuva Évat.

— En plus, Mathieu était son ami.

— Je n'avais pas pensé à ça. Sauf que ça ne l'arrêterait peut-être pas si on considère qu'il a probablement assassiné sa femme.

— Il est trop tôt pour prendre une décision. Je ne veux pas prendre de chance, souligna Brax.

Brax se leva.

— Laissons-nous une semaine pour réfléchir, mais pas plus longtemps. Nous avons assez tardé. Il faut passer à l'action avant que la situation ne se complique davantage.

— Je suis d'accord.

Les deux Gallagians se serrèrent la main et quittèrent le parc en s'éloignant chacun de leur côté.

Chapitre 6

Ce jeudi-là, Évat sortit du garage pour se rendre au travail au volant de sa moto, comme à son habitude. Elle remonta l'allée de sa maison quand tout à coup, alors qu'elle s'apprêtait à tourner à gauche pour emprunter la rue, un homme se mit en travers de sa route sur le trottoir et elle dut freiner brusquement. Elle posa un pied à terre en pensant avoir affaire à un journaliste téméraire, puis elle remarqua que l'importun était Mathieu.

— Thomas, je dois te parler, dit-il en retenant le guidon, comme si sa main pouvait l'empêcher de fuir.

Évat enleva son casque avec réticence. Autant affronter la situation maintenant pour éviter que Mathieu ne revienne rôder autour de sa maison.

— Dépêche-toi, sinon je serai en retard.

— Une femme vient de porter plainte contre toi. Elle affirme que tu l'as agressée à l'hôtel Delta.

Évat pensa tout de suite à la soirée où elle était sortie avec Thomas dans ses pensées. Il semblait particulièrement en forme et puissant. En plus, elle avait vécu une perte de mémoire, ce qui lui laissait croire que Thomas avait pu la reléguer dans un coin de leur cerveau comme elle le faisait avec lui. « Thomas Paré a dû faire des siennes », pensa-t-elle avec effroi. Elle espéra que son trouble ne se lisait pas sur les traits de son visage.

— Tout le monde te connait maintenant que tu passes à la télévision. Comment espérais-tu t'en tirer ?

Évat était désorientée. Ses pensées se bousculaient dans son cerveau. Elle s'en voulait terriblement d'avoir perdu le contrôle de son enveloppe corporelle. Ce stupide Thomas allait tout faire pour lui gâcher la vie. Immédiatement, elle décida qu'elle était prête à tout pour se débarrasser de sa présence encombrante. Mathieu pouvait bien attendre son tour.

Évat remit son casque et démarra en plantant Mathieu sur le trottoir. « Je vais demander à Claudine de me trouver une excellente avocate, elle saura me tirer de cette horrible situation. »

* * *

Le samedi suivant, Brax eut une idée en marchant au parc avec Léa-Rose.

Le centre décisionnel d'Évat se situait dans la micropuce insérée dans son dos, au niveau de la quatrième vertèbre, alors que la conscience de Thomas subsistait dans ses ondes cérébrales. Cet état de fait lui semblait être la clé du problème. Ainsi, Brax cogitait sur une méthode pour annihiler l'essence de l'homme tout en épargnant celle d'Évat.

Le soir même, de retour dans son bureau, il éplucha un grand nombre de revues scientifiques en lien avec les cinq ondes du cerveau humain : bêta, gamma, alpha, thêta, delta.

« Peut-être qu'en plongeant l'hôte dans un état d'hypnose,

je serai en mesure de l'attaquer. » Brax évaluait deux options : soit il tentait d'emprisonner ce qui restait de conscience de Thomas dans les profondeurs du lobe temporal, soit il essayait de détruire les ultimes ondes liées à son esprit.

Il se glissa dans son lit seulement au petit matin, mais au moins une piste de solution prenait forme.

* * *

Évat avait trouvé très difficile de revenir sur le plateau après la honte que lui avait causée le comportement de Thomas. Non seulement elle avait peur d'être jugée, mais elle s'inquiétait également d'une récidive.

Alors qu'elle était sur le point d'entrer en scène, son téléphone cellulaire sonna. Quand elle vit que l'appel provenait de Brax, elle répondit tout de suite.

— J'ai une idée, lui lança Brax sans détour. Mais c'est risqué. Extrêmement risqué.

— Je suis prête à tout.

— Compris. Je réserve mon prochain samedi pour régler tout ça. Je viendrai chez toi vers vingt heures.

— Entendu.

Satisfaite, Évat sourit en raccrochant. Elle avait déjà hâte d'être samedi pour se venger de Thomas et s'en défaire une fois pour toutes. Elle avait eu raison de faire confiance à Brax.

* * *

Au souper, Leshi s'endormait pratiquement dans son assiette. Ses paupières semblaient se refermer d'elles-mêmes, contre son gré.

— Je pense que tu as besoin d'aide, mon amie.

Leshi lui fit un pâle sourire.

— Je tiens le coup.

— Tu ne t'es pas regardée. Mets ton orgueil de côté ! Il est temps que nous embauchions une nounou pour Zach. Ainsi, tu pourras garder toutes tes énergies pour combattre les métastases.

Leshi soupira. Ses épaules s'affaissèrent au moment même où elle se résignait enfin à avouer sa faiblesse.

— Tu as raison. Pour le bien de Zach, il faut que quelqu'un m'aide.

Évat était ravie que Leshi admette l'évidence, alors elle s'empressa de lui proposer d'appeler elle-même dans une agence le lendemain matin.

— Tu peux bien, mais je tiens à rencontrer personnellement au moins trois candidates avant de décider.

— Aucun problème, lui promit Évat, trop contente de pouvoir l'aider.

— Je me sens terriblement coupable de ne pas arriver à m'occuper seule de mon fils.

— Sois réaliste. Tu dois non seulement élever un bébé, mais tu dois aussi combattre un cancer. Tu es très courageuse.

Évat posa sa main sur celle de son amie.

— Je ne veux pas te mettre de pression, mais je pense que tu devrais choisir rapidement. Ton enveloppe humaine n'est pas indestructible.

— Je sais. Je te promets de prendre ma décision rapidement. Mais je veux aussi trouver la bonne personne pour Zach.

— Évidemment.

Évat vida son assiette et la déposa dans le lave-vaisselle. Elle débarrassa aussi la table pendant que Leshi terminait de nourrir Zach.

— Je vais dans ma chambre réviser mes répliques pour demain.

— Tu n'as pas besoin d'aide ?

— Pas ce soir, merci.

Évat ne voulait pas ajouter à la charge de Leshi. Même si elle aimait pratiquer son texte avec elle, elle devait admettre que son amie avait grandement besoin de se reposer.

* * *

L'obsession de Mathieu envers Thomas ne faisait que grandir. Et plus il l'espionnait, plus il trouvait son comportement étrange. Il vivait avec une femme, pourtant il ne les avait jamais vus être affectueux l'un envers l'autre. Thomas ne s'occupait presque pas du bébé, ce qui était étrange s'il en était le père.

Selon ses nuits d'observations, Mathieu avait constaté que Thomas ne pratiquait plus aucune des activités qui lui plaisaient auparavant, autre que la moto. Lui qui méprisait la télévision jouait maintenant dans un téléroman. Les éléments ne concordaient pas. Il sentait qu'il y avait anguille sous roche.

Lorsque Mathieu avait rencontré et interrogé le psychiatre qui avait contribué à sa guérison, Michael, ce dernier lui avait déplu sans qu'il puisse en identifier la raison. Dans son métier, il se fiait souvent à son instinct et, dans ce cas-ci, toutes les cloches d'alarme sonnaient dans son esprit.

* * *

À nouveau, Évat et Brax s'étaient donné rendez-vous au même endroit, sur le banc du parc près de la clinique.

Évat remarqua que quelques passants la dévisageaient, mais elle s'habituait graduellement à être le centre d'attention. Après tout, elle gagnait beaucoup d'argent grâce à l'intérêt généré par sa célébrité grandissante.

Alors que les oiseaux chantaient, Évat sentait un nœud dans son estomac.

— Donc, comme je t'ai expliqué brièvement au téléphone, j'ai eu deux idées pour nous débarrasser de Thomas.

Évat ressentit une décharge électrique en entendant ces paroles. Elle avait l'impression que Thomas se débattait pour prendre le contrôle et elle le repoussait vers les basfonds.

— Tout commence par l'hypnose. Je dois vous plonger dans un état voisin du sommeil pour accéder à, je l'espère, la source de conscience résiduelle de ton hôte.

— Et puis ?

— La suite t'appartient. Première option, je peux tenter d'encapsuler les restes récalcitrants dans un tiroir de ton cerveau. Deuxième option, plus radicale et permanente, je peux générer des ondes électromagnétiques qui viendront fracasser et, je l'espère, détruire celles de Thomas.

— Mais comment ?

— Les ondes thêta ont une fréquence de quatre à sept hertz. Je vais en simuler d'autres artificiellement qui seront d'une si grande disparité qu'elles causeront un conflit. Ces interactions et collisions devraient suffire à détruire les restes de sa conscience.

Évat réfléchit.

— C'est risqué?

— Très.

Évat pesa rapidement les pour et les contre dans sa tête. Brax respecta son silence.

— J'aimerais avoir plus de temps pour réfléchir, mais Thomas est rendu tellement imprévisible et sa présence pourrait me couter gros.

Évat se mordit la lèvre.

— Quand pourrais-tu procéder à l'expérience?

— Ma clinique est vide le dimanche.

— Demain?

— Quelle méthode choisis-tu?

— La deuxième. Je veux éliminer totalement ce méprisable humain.

Évat ressentit une autre décharge, ce qui ne fit que solidifier sa décision.

— D'accord. Je serai prêt. Sais-tu où se trouve ma clinique?

Évat hocha la tête.

— Rejoins-moi à quatorze heures.

Brax se leva.

— J'ai du matériel à préparer alors je me sauve tout de suite.

Il regarda Évat avec inquiétude.

— En espérant que tout fonctionne comme prévu.

* * *

Pour mettre son plan de sauvetage à exécution, Brax avait besoin d'un appareil émetteur d'ondes électromagnétiques UV-

C. Il ne possédait pas un tel équipement, mais il connaissait quelqu'un qui y avait accès : Leshi.

Brax savait que des lampes UV-C étaient souvent utilisées en laboratoire de biologie pour stériliser des pièces ou des appareils. Les probabilités étaient élevées que le lieu de travail de Leshi en possède au moins une. Il restait à déterminer comment Leshi réussirait à s'introduire dans le laboratoire et à subtiliser cet équipement lourd. En plus, la lampe était potentiellement dangereuse lorsqu'utilisée inadéquatement, alors elle ne pouvait pas tout simplement demander la permission de l'emprunter sans s'attirer des questions indésirables.

En route vers sa maison, il composa le numéro de Leshi pour la consulter en espérant qu'ils trouveraient une solution ensemble.

— Allo ?

— Leshi, c'est moi.

Il y eut un silence. Brax enchaina.

— Évat a besoin de mon aide et moi de la tienne. Je ne peux pas t'expliquer en détail, mais serais-tu en mesure d'emprunter une lampe UV-C à ton travail ?

— Je suis en congé de maternité, je ne mettrai pas les pieds au laboratoire avant longtemps.

— J'en ai besoin pour demain après-midi.

— Ce n'est pas sérieux ? Comment veux-tu que je m'y prenne ?

— As-tu toujours les clés ?

Un autre silence sur la ligne.

— Leshi, tu les as ou non ? s'impatienta Brax.

— Je crois, oui.

— Tu pourrais t'y rendre demain. C'est dimanche et il n'y aura personne sur place.

— Parfois, des étudiants ou même des employés travaillent la fin de semaine.

Brax se stationna dans la cour de sa maison.

— Réfléchis à une solution. Je te texte plus tard dans la soirée.

— C'est vraiment si important ?

— La vie d'Évat en dépend.

Il raccrocha et se composa un visage serein avant de rentrer afin de ne pas inquiéter Kimberley.

* * *

Le lendemain, très tôt le dimanche matin, Leshi débarquait à contrecœur d'un autobus près du laboratoire.

Le soir d'avant, après sa conversation avec Brax, Évat était rentrée du travail et avait confirmé ses paroles. Leshi devait s'introduire dans le laboratoire pour récupérer l'équipement requis pour le traitement d'Évat.

Leshi était prête à tout pour aider son amie, même si elle ne comprenait pas très bien comment une lampe UV-C pouvait lui être utile. Évat lui avait expliqué du mieux qu'elle avait pu le plan de Brax pour lui sortir Thomas de la tête. Leshi ne se doutait même pas qu'Évat affrontait ce problème et elle lui en avait voulu un peu de ne pas lui en avoir parlé en premier.

Leshi fit tinter ses clés dans sa poche. Grâce à elles, elle pouvait s'introduire dans le laboratoire sans problème. Même si elle était autorisée à accéder à son lieu de travail en théorie, en pratique elle n'avait aucune raison d'être là. Pour éviter une discussion gênante, elle ne voulait pas être vue.

Pendant ce temps, Évat s'occupait de Zach à la maison. Leshi pourrait bientôt compter sur le soutien de la nounou, Danielle, qui commençait lundi.

Leshi était déconcertée en marchant sur le campus déserté. Elle repensa à son agression et fut soulagée de savoir que cet homme dérangé se trouvait maintenant en prison. Elle espérait ne plus avoir à craindre de déambuler seule. Pourtant, elle se sentait toujours vulnérable et nerveuse.

Elle accéléra le pas, traversa une zone gazonnée et arriva enfin devant la porte. Elle tira sur la poignée. Elle était verrouillée, ce qui laissait présager que l'endroit était vide, une excellente nouvelle. Elle glissa sa clé dans la serrure et la tourna. En entrant, elle constata que le laboratoire était sombre et silencieux. Elle pourrait s'emparer de la machine en toute quiétude. Elle prit la peine de verrouiller la porte derrière elle.

Elle marchait rapidement le long du couloir mal éclairé pour rejoindre la pièce qui servait aux recherches de monsieur Cloutier. Elle entra et se dirigea droit vers la grande armoire.

L'équipement dont Brax avait besoin était rangé sur l'étagère du milieu. Leshi s'en empara. La lampe était assez lourde, mais Leshi n'avait pas le choix. Elle la glissa dans un grand sac qu'elle avait apporté pour l'occasion. Elle referma l'armoire en espérant que personne ne se rendrait compte de son emprunt. Heureusement, il y avait deux autres lampes et ce type d'équipement ne servait pas régulièrement. Elle avait la ferme intention de rapporter le tout dès dimanche prochain, quand les locaux seraient déserts à nouveau.

Elle glissa les sangles de son sac en travers de son épaule, mais elle dut également soutenir le poids avec ses mains. Leshi marcha le plus vite qu'elle put jusqu'à l'arrêt d'autobus, où elle dut patienter une dizaine de minutes. Enfin, un véhicule s'arrêta devant elle et elle trouva un siège avec soulagement. Elle déposa son sac juste à côté d'elle et sourit. Elle avait réussi.

65

Chapitre 7

Évat se leva quand elle entendit Leshi rentrer.

— J'ai réussi !   dit celle-ci en transportant son paquet incriminant.

— Tu me sauves la vie, tu n'as pas idée.

Leshi déposa le sac dans l'entrée et partit rejoindre son fils, soulagée d'être enfin à la maison. Pour sa part, Évat devait aller voir Brax à sa clinique privée. Elle était anxieuse, mais excitée en même temps. Elle avait confiance que Brax avait la capacité de tuer les restes de conscience de Thomas.

Parlant de cet être encombrant, Évat remarqua qu'il semblait plus agité. Il devait avoir entendu tout le plan qu'ils élaboraient contre lui. Des sons entrecoupaient ses pensées plus que jamais, démontrant qu'il voulait s'exprimer. Cette agression conforta Évat dans sa décision. Elle ne pouvait plus partager sa tête avec quelqu'un d'autre plus longtemps.

Leshi apparut juste avant le départ d'Évat, portant un Zach somnolent entre ses bras.

— J'aurais tellement voulu t'accompagner, lui dit-elle avec tristesse.

— Ne t'inquiète pas, tout ira bien.

— Tu trembles.

— Mais non, tu imagines tout ça. Brax a bien réfléchi et sa

méthode me semble infaillible.

— Contente de te trouver aussi positive.

— Je dois y aller maintenant.

Leshi s'approcha pour prendre Évat entre ses bras, Zach coincé entre elles. Évat serra son amie contre son cœur en se demandant si elle la reverrait bel et bien à la fin de cette journée.

En sortant, Évat s'empara d'un sac à dos dans lequel elle avait placé la lampe à ondes UV-C, bien protégée des chocs grâce à quelques teeshirts.

* * *

Évat chevaucha sa moto jusqu'à la clinique. Elle fit un petit détour pour profiter un peu plus de ce qui serait peut-être la dernière journée de son existence. La planète Terre était si magnifique, resplendissante de vie. Le soleil brillait et la route était agréable.

Malgré sa détermination, des papillons lui brouillaient l'estomac, alors qu'elle se stationnait devant l'immeuble de bureaux. Elle paya le parcomètre et apporta son casque sous son bras. Brax l'avait avisée que l'ascenseur n'était pas en service le dimanche, alors elle prit les escaliers. Elle montait chaque marche avec nervosité en ayant l'impression de se rendre à l'abattoir.

Elle arriva au troisième étage et elle remarqua immédiatement l'affiche de la clinique de Brax sur sa droite. Un éclair de douleur lui déchira les tempes, ce qui la fit se plier en deux. Dès que la sensation s'estompa, elle menaça Thomas : « Tu ne perds rien pour attendre. »

Elle tira la porte et constata que Brax était déjà arrivé.

— Je suis ici ! lança-t-il depuis son bureau.

Elle se laissa guider par le son de sa voix et entra dans la pièce. Brax avait complètement recouvert une grande fenêtre en y apposant de larges morceaux de carton. Seul le plafonnier éclairait les lieux.

Il avait également disposé une chaise inclinable au centre de la pièce.

— Tu as apporté la lampe ?

Évat déposa son sac à dos sur le bureau de Brax et en sortit l'équipement. Il s'approcha pour inspecter l'appareil un moment, puis se frotta les mains.

— Excellent, c'est exactement ce dont j'avais besoin.

Évat enleva son manteau de cuir et le laissa glisser sur le sol avec son casque.

— J'imagine que je dois me coucher là-dessus ?

Alors qu'elle prenait place sur la chaise, un nouvel éclair de douleur lui traversa les tempes, ce qui la fit grimacer.

— Ça va ? s'inquiéta Brax.

— Il semble que Thomas ne soit pas en accord avec notre plan.

— Plus que quelques minutes et nous en serons débarrassés pour toujours.

Évat ne se sentait pas aussi confiante que lui maintenant qu'elle se trouvait sur la chaise. Malgré tout, elle était décidée à aller jusqu'au bout.

Pendant que Brax ajustait la machine, Évat s'allongea et ferma les yeux pour essayer de se détendre. Elle sentait que Thomas s'enflammait, mais il n'était pas assez puissant pour mettre un terme à l'inéluctable expérimentation.

Évat sursauta lorsque Brax éteignit la lumière. Ils se retrouvèrent dans une obscurité presque totale.

— J'ai réussi à programmer un mode d'ondes aléatoires qui oscilleront entre trois et sept hertz. En théorie, ces ondes briseront celles que le cerveau émet encore et qui maintiennent la présence de Thomas.

— Et les miennes ?

— Ton centre de commande est situé dans ta micropuce.

En prononçant ces paroles, Brax lui posa un lourd tablier sur le ventre.

— Le plomb coupe les ondes. C'est une précaution additionnelle pour m'assurer que ta micropuce ne sera pas affectée.

Brax fit rouler sa chaise d'ordinateur pour s'installer tout près d'Évat.

— Ferme les yeux et écoute bien ma voix. Je vais t'hypnotiser.

Évat se concentra pour calmer ses pensées et faire le vide dans son esprit. Les paupières closes, elle ralentissait progressivement le rythme de sa respiration. Elle se trouvait à présent dans un état profond de relaxation.

Elle se sentit transportée dans un autre monde, comme si elle rêvait, ou plutôt comme si elle sortait du corps de son hôte. Dans les profondeurs de l'abysse, quelqu'un lui tapota l'épaule. Quand elle se retourna, Évat crut voir sa réflexion dans un miroir. Combien de temps s'était-il écoulé ?

Quand l'homme devant elle ouvrit la bouche, elle réalisa qu'elle se tenait devant l'essence de Thomas.

— Bien joué, extraterrestre. Je me sens faiblir.

— Je suis désolée d'avoir voler ton corps. Je n'ai pas demandé à venir sur la Terre.

— Tes regrets me dégoutent. Tu ne vaux pas mieux que moi.

Thomas s'élança vers elle et lui agrippa la gorge. Même dans ce monde parallèle, Évat ressentait physiquement cette attaque. Heureusement, ils se battaient à forces égales.

Évat voyait le tout se dérouler au ralenti. Elle se remémora une scène tournée sur le plateau de « Vies d'enquêteurs ». Tout de suite, elle lui lança un coup au niveau du cou, ce qui lui permit de se dégager légèrement pour se tourner et lui faire une clé de bras. Thomas se tordait de douleur et elle en profita pour lui assener un coup de pied dans le ventre. Il bascula et se retrouva au sol, à bout de souffle.

Évat regarda la silhouette de Thomas qui s'effaçait doucement.

— J'abandonne. Je vais finalement quitter ce monde de fous.

Évat resta confuse devant la souffrance de l'esprit de Thomas.

— Je ne sais pas ce qui se trouve de l'autre côté. Je vais bientôt le découvrir.

— Attends ! Pourquoi semais-tu le mal autour de toi ? Pourquoi as-tu tué ta femme ?

— J'ai un don très spécial ! Je pouvais voir des démons, peu importe leurs formes. L'un d'eux avait envahi ma femme et c'était la seule façon de la libérer : en permettant à son âme de quitter la Terre.

Thomas rit. Évat frissonna.

— J'imagine que c'est pour cette raison que mon karma t'a envoyée pour posséder et voler mon corps ! La vie trouve toujours son sens.

Évat n'aimait pas du tout les réponses de cet esprit dérangé. Heureusement, il s'effaça complètement et Évat se retrouva seule dans son rêve. Une lumière se leva comme un soleil et soudain elle ouvrit les yeux.

Brax se pencha sur elle.

— Est-il parti ? demanda-t-il avec angoisse.

Évat hocha la tête avec un faible sourire. Elle se sentait complètement épuisée. Brax dut deviner sa fatigue, puisqu'il l'invita à faire une sieste. Évat sombra aussitôt dans un profond sommeil réparateur.

***

— Évat ? Tu dois te réveiller. Je dois rentrer chez moi maintenant.

Évat entendait les mots comme à travers un épais brouillard. Ses paupières semblaient soudées, mais elle persévéra et enfin elle ouvrit les yeux. Elle vit le visage de Brax penché sur elle.

— Tourne-toi sur le côté pour te relever. Tu seras peut-être un peu étourdie.

Évat suivit les consignes de Brax et se mit doucement sur ses pieds. Elle retrouva rapidement son équilibre et sourit.

— C'est tellement étrange. Je ne réalisais pas à quel point Thomas prenait de la place !

Elle sautait comme pour éprouver toute sa légèreté.

— Heureusement que ma méthode a fonctionné. Je n'aurais pas voulu me retrouver avec le cadavre de mon ancien patient entre les mains !

— Et le fait que moi je disparaisse, ça ne t'inquiétait pas ?

— Évidemment, dit Brax en baissant les yeux.

Évat lui prit les mains.

— Je suis trop heureuse pour m'offusquer. Merci, Brax !

Brax fut soulagé d'éviter une autre mésentente avec Évat.

— Il faut y aller. Te sens-tu assez en forme pour conduire ?

— Aucun problème.

Évat récupéra son veston de cuir et son casque. Brax lui tendit son sac à dos. Il y avait replacé la lampe durant sa sieste. Ils descendirent les escaliers et se dirent au revoir sur le trottoir.

— Encore merci !

Évat posa son casque sur sa longue chevelure noire. Étrangement, pour la première fois, elle ne ressentit pas de frissons de plaisir en entendant le moteur gronder.

Elle rentra chez elle en roulant lentement et en prenant mille précautions.

« Thomas aimait la moto. Pas moi ! » Cette constatation fut une révélation pour Évat. Maintenant, Thomas ne pouvait plus influencer ses choix, ses gouts, ses options, sa vie. Elle pouvait simplement être authentique, en tenant compte bien sûr des paramètres de son incarnation sur Terre.

Maintenant maitre à bord de son corps, Évat ressentit un extrême bienêtre. Comme si son essence pouvait enfin s'étendre et s'installer confortablement dans son habitat de chair. Toutes ses facultés mentales libérées, ses réflexions étaient plus vives et elle se sentait plus agile, en pleine possession de ses moyens.

✳ ✳ ✳

Lorsqu'Évat pénétra dans sa demeure, Leshi l'attendait sur le divan. Dès qu'elle la vit, elle se précipita vers elle.

— Brax m'a écrit. Il m'a affirmé que le traitement avait été un succès, mais je n'arrivais pas à le croire.

Elle prit Évat par les épaules et l'inspecta des pieds à la tête.

— Brax a dit la vérité, affirma Évat. Je suis libre !

Les deux amies se serrèrent longuement. Évat remarqua qu'elle n'éprouvait plus le moindre soupçon d'attirance physique envers la femme entre ses bras. Aucune chance qu'elle se retrouve à nouveau dans son lit. Un soulagement indicible la submergea.

— Tu es certaine qu'il n'est plus là ? vérifia Leshi.

— Avant que je te raconte tout, laisse-moi me verser un gin-tonic.

Évat se dirigea vers la cuisine et déposa le sac à dos sur l'ilot. Elle se servit ensuite un verre de son breuvage alcoolisé préféré avant de s'installer au salon avec son amie qui s'impatientait.

— Parle ! Je veux tout savoir.

Évat lui raconta donc sa discussion avec Thomas avant de le voir partir en fumée.

— Quand je pense que cet homme vivait avec toi ! C'est dégoutant.

— Il ne se manifestait pas si souvent. Mais j'avoue être contente de m'être débarrassée de lui.

Elle prit une gorgée de son gin-tonic.

— Tu n'as jamais ressenti la présence de Marie-Michelle ?

— Jamais.

— Tu sais quoi ? Je mets la moto à vendre.

Leshi écarquilla les yeux.

— Sérieusement ?

— Oui ! Je n'ai plus aucun intérêt à manœuvrer cet engin.

— Et ta chaine YouTube ?

— J'aviserai en temps et lieu. J'ai confiance que je trouverai de nouvelles idées à partager avec mes abonnés. Dans le pire des cas, il me reste toujours ma carrière d'acteur.

— C'est tout un revirement de situation !

Évat se racla la gorge.

— Thomas n'est pas notre seul problème. Maintenant, il faut penser à écarter Mathieu de nos vies.

— Je ne l'ai pas vu depuis plusieurs mois. C'est dommage, je le trouvais très gentil. Il m'a sauvé la vie, je ne l'oublierai jamais.

— Peut-être, mais tu ne sais pas qu'il est venu à ma rencontre plusieurs fois. Nous ne pouvons pas risquer d'être démasquées, tu dois bien comprendre cela.

Leshi soupira en détournant la tête.

— Que proposes-tu ?

— Je n'ai pas encore la réponse à cette question.

Leshi voulut ajouter quelque chose, mais un haut-le-cœur fit en sorte qu'elle se précipita dans la salle de bains pour vomir. Être témoin de la détresse de son amie brisa le cœur d'Évat. « Je dois prendre mieux soin d'elle. Elle a besoin de moi. » Elle la rejoignit dans la salle de bain pour la prendre dans ses bras et Leshi y pleura doucement.

* * *

La nounou de Zach avait réussi à conquérir leur cœur. Leshi avait appris à lui faire confiance et elle profitait maintenant de quelques minutes de temps libre pour faire une petite marche seule tous les matins. Cet instant de solitude l'aidait à se changer les idées, qui balançaient entre Zach et le cancer. Bouger son corps lui faisait du bien et elle aimait prendre l'air, même les jours où il tombait quelques gouttes. La pluie ne pouvait l'arrêter.

Durant sa promenade, Leshi repensa à la discussion orageuse

qu'elle avait eue avec Évat la veille. En secret, elle n'avait jamais arrêté de penser à Mathieu. Il était beau et courageux, des qualités qu'elle recherchait chez un partenaire. Pourquoi se méfier d'un homme qui lui avait sauvé la vie ?

Alors qu'elle retournait sur ses pas pour rentrer à la maison, Leshi sortit son cellulaire et décida de le contacter. Elle en avait envie depuis longtemps, sans jamais avoir osé se jeter à l'eau de peur d'être rejetée.

« Du nouveau ? Il faudrait aller prendre un verre pour rattraper le temps perdu. »

Elle hésita quelques secondes avant de presser sur le bouton d'envoi. Elle avait peur de la réaction de Mathieu, certes, mais également de celle d'Évat et de Brax. Malgré leurs arguments, elle n'arrivait tout simplement pas à se rallier à leur avis. Elle voulait leur prouver qu'ils avaient tort, alors elle envoya son message.

La réponse ne se fit pas attendre. Mathieu l'invita au restaurant le jeudi soir suivant. Bien qu'il serait compliqué de cacher cette sortie à Évat, elle accepta immédiatement.

* * *

Leshi dut subir un troisième traitement de chimiothérapie. Son oncologue lui avait expliqué qu'il devait lui administrer plusieurs doses avant de pouvoir constater un effet quelconque sur les scans. Ainsi, il était possible qu'elle ait enduré toute cette douleur sans raison. Elle devait donc s'efforcer d'être patiente.

Elle détestait l'incertitude et ce sentiment de ne plus avoir le contrôle sur sa vie.

Encore une fois, elle anticipait avec angoisse la brulure du traitement. « Les humains se soignent avec du poison ! Pourquoi n'ont-ils pas encore trouvé mieux ? »

Chapitre 8

Leshi avait eu du mal à se reconnaitre lorsqu'elle s'était regardée dans le miroir pour se préparer à sa sortie avec Mathieu. Elle ne se souvenait plus de la dernière fois où elle avait pris le temps de se maquiller et encore moins de se mettre une paire de chaussures à talons hauts.

Avec regret, elle admit que ses yeux avaient perdu leur éclat. Ils semblaient sortir de son visage, qui s'était trop aminci. Il ne lui restait que quelques sourcils et encore moins de cils. Sur internet, elle avait appris des astuces maquillage pour se sentir belle malgré tout.

Évat avait accepté de s'occuper de Zach pour la soirée. Lorsqu'elle vit Leshi sortir de sa chambre, elle l'examina de la tête aux pieds.

— Qui cherches-tu à impressionner ? demanda-t-elle, surprise.

— Je vais prendre ton commentaire comme un compliment.

— Bien sûr que c'en est un. Tu es resplendissante.

— Merci.

— C'est juste que ton rendez-vous m'intrigue. Pourquoi ne veux-tu pas me dire qui est le chanceux ?

— Tu ne le connais pas. Il s'appelle François, mentit-elle. C'est une vague connaissance du travail.

— Et c'est lui qui t'a invitée ?

— Ça te surprend ?

— Il sait que tu as un bébé ?

— Je suis en retard, je te ferai un compte-rendu à mon retour.

Pourtant, Leshi n'avait aucune intention de parler de son rendez-vous à Évat. Elle se sentit un peu coupable de mentir aussi effrontément à sa meilleure amie, mais elle n'avait pas le choix. Évat ne pourrait pas comprendre.

* * *

Leshi se sentait nerveuse en entrant dans le restaurant. Pour une raison inexplicable, elle craignait que Mathieu ne lui ait posé un lapin. Elle n'arrivait pas à concevoir qu'un homme aussi séduisant que lui puisse s'intéresser à elle.

Heureusement, elle le repéra du premier regard. Il était installé à une table devant les vitrines et il lui fit un signe de la main pour attirer son attention. Elle s'approcha et il se leva pour lui faire la bise. Des papillons voletèrent dans son estomac au contact de sa bouche sur ses joues. Elle aurait voulu que ce moment s'étire. Elle prit place en face de lui.

— Bonsoir, lui dit-il de sa belle voix profonde.

Son sourire resplendissait sous l'éclairage tamisé.

— Je suis content de te revoir, ajouta-t-il.

— Je t'avoue que j'ai hésité à t'inviter.

— Pourquoi ? se surprit Mathieu.

— J'étais convaincue que tu allais refuser.

Mathieu rit.

— Je suis toujours partant pour un souper au restaurant.

— J'en prends bonne note.

Un serveur leur tendit des menus et Leshi le parcourut des yeux.

— Je vais prendre le tartare. Ça fait des lunes que je n'en ai pas mangé, dit Mathieu.

— C'est vrai qu'il semble délicieux, mais j'ai vraiment envie de côtes levées. Sauf que ce n'est pas très gracieux à manger, s'inquiéta Leshi.

— Ne t'en fais pas pour moi. Avec mon métier, j'ai certainement déjà vu pire.

— Très bien, une femme avertie en vaut deux.

Ils passèrent leur commande et un silence s'étira entre eux dès que le serveur s'éloigna de leur table. Leshi cherchait frénétiquement un nouveau sujet pour lancer la conversation, mais son cerveau ne semblait pas vouloir fonctionner normalement. À son grand soulagement, Mathieu reprit la parole.

— Comment se passe la vie de maman ?

— Zach est le plus gentil des bébés. Évidemment, je pourrais dormir un peu plus.

— Je ne peux que sympathiser. Je n'ai qu'une vague idée de tout ce qu'implique d'élever un enfant.

— Heureusement, je ne suis pas seule. Nous avons embauché une nounou qui réalise un travail extraordinaire. Je commence juste à me retrouver.

Déjà, le serveur leur apportait leur plat.

— Miam ! Tout a l'air délicieux.

— Vérifions, prononça Mathieu en piquant sa fourchette dans son assiette.

Ils discutèrent durant tout le repas, mais la conversation n'était pas aussi fluide que Leshi l'aurait souhaitée. Par moment, Mathieu glissait des questions sur Thomas, mais

Leshi voyait clair dans son jeu et restait aussi vague que possible.

Elle se demanda si un verre l'aurait aidée à faire couler la discussion plus aisément. Elle se serait certainement sentie plus détendue.

Leshi se rappelait le temps où elle consommait de l'alcool en grande quantité. Elle avait décidé de se tenir loin de la bouteille. Si elle avait réussi à arrêter durant ses derniers mois de grossesse, autant continuer sur sa lancée. En plus, avec la chimiothérapie, elle préférait s'abstenir de boire.

Elle fut presque soulagée quand le serveur apporta la facture.

— Je tiens à t'inviter, annonça Leshi en s'en emparant.

Elle régla le tout et ils sortirent dans l'air frais du soir.

— Je te raccompagne ? lui offrit Mathieu.

— Inutile. L'arrêt d'autobus est à quelques pas.

— Très bien. Gardons contact.

Il lui fit la bise pour la deuxième fois de la soirée.

— À bientôt ! lui dit-il en lui envoyant la main et en s'éloignant.

En route vers la maison, Leshi était songeuse. Elle s'était attendue à une soirée plus intéressante. Elle croyait avoir des atomes crochus avec Mathieu, mais les étoiles s'étaient vite voilées pendant le repas, alors que la conversation manquait de fluidité et de complicité. « S'il me rappelle, tant mieux, sinon tant pis. C'est Évat qui serait contente de m'entendre dire ça ! »

* * *

Le dimanche suivant, Leshi reprenait l'autobus pour se rendre au laboratoire. La lampe UV-C sur son dos, elle marcha vers les portes vitrées en espérant que personne ne la verrait. Elle ne voulait pas que personne ne soit au courant de son emprunt. Elle risquait un emploi qu'elle aimait et pour lequel elle avait travaillé avec acharnement.

Elle déverrouilla le laboratoire et marcha sur la pointe des pieds même s'il n'y avait probablement personne sur les lieux.

Elle pénétra dans la salle où elle menait ses recherches et alla directement à l'armoire de métal pour y remettre la lampe. Elle avait pris soin de camoufler l'espace causé par son emprunt en déplaçant d'autres équipements, alors elle dut replacer le tout. Son cœur battait de plus en plus vite. Elle éprouvait un grand malaise à se trouver au laboratoire sans permission.

Elle referma les portes dans un grincement et allait sortir lorsqu'elle croisa monsieur Cloutier.

— Bonjour ! bredouilla-t-elle en baissant les yeux.

— Tiens, Marie-Michelle ! Mais que fais-tu ici ?

— Je ne voulais pas déranger mes collègues en plein travail, mais j'avais besoin de venir faire un tour simplement pour m'imprégner des lieux.

Elle prit une grande respiration pour tenter de convaincre son superviseur de son histoire.

— L'air du laboratoire est particulier. Il y flotte une odeur distinctive et je m'y sens si bien !

Monsieur Cloutier fit une grimace. Il devait la trouver complètement folle.

— Bon, je me sauve, mon fils m'attend et vous devez avoir beaucoup de travail pour venir ici le dimanche. À bientôt !

Leshi ne lui laissa même pas le temps de répondre et déguerpit pour ne pas s'enfoncer davantage dans ses mensonges. Elle espérait que monsieur Cloutier oublierait rapidement sa présence incongrue au laboratoire. Au moins, il ne l'avait pas surprise la tête dans l'armoire.

* * *

Une semaine plus tard, Brax contacta Évat pour vérifier que le traitement avec les ondes UV-C avait bel et bien fonctionné. Même si Évat semblait croire que Thomas était définitivement parti, Brax ne pouvait s'empêcher de douter. Seul le temps prouverait que la conscience de Thomas ne reviendrait plus jamais.

Quand il la joignit, celle-ci lui confirma de nouveau le succès de son expérimentation.

— Je n'arrive pas à y croire ! Je me sens si bien depuis qu'il est effacé de mes neurones.

— Je suis bien content de l'entendre.

Évat prit une grande inspiration. Bien que le départ de Thomas méritât d'être célébrer, d'autres préoccupations prenaient maintenant l'avant-scène.

— Tant qu'à te parler, se lança Évat, je pense que tu mérites de savoir que Leshi a reçu son troisième traitement de chimiothérapie.

Brax se sentit coupable de ne pas être là pour son ex-femme. Cependant, il avait écouté son cœur et choisit Kimberley. Il devait rester authentique à cet engagement, sauf que Leshi avait quand même représenté beaucoup pour lui à une autre période de son existence.

— Elle va mieux ?

— Au contraire. Tu devrais venir la voir plus souvent. Elle

était ta femme après tout, et tu es le père de Zach.

Il y eut un silence.

— Brax ?

— Oui, oui. Je réfléchis.

— Viens souper mardi soir. Je commanderai des sushis.

— D'accord, accepta Brax du bout des lèvres.

Il devrait encore mentir à Kimberley, ce qui ne lui plaisait guère.

***

— Évat ?

Leshi appelait son amie à partir de sa chambre.

— Quoi ? fit Évat en passant la tête dans l'embrasure de la porte.

Zach était couché sur le lit de Leshi et elle brandissait un hochet coloré au-dessus de ses yeux.

— Regarde Zach.

Leshi se mit à bouger le jouet de gauche à droite du visage de l'enfant.

— Quoi ?

— C'est juste que, selon mes lectures, il devrait le suivre des yeux et même tourner la tête.

— Et alors ?

— Tu n'as pas remarqué ?

Elle refit le geste devant le visage de Zach.

— Il ne fait rien.

— Ce n'est probablement pas grand-chose.

— Je préfère tout de même consulter un médecin.

— Bien sûr. Vas-y si ça peut te rassurer.

À voir son visage préoccupé, Évat sut qu'elle n'avait pas réussi à apaiser les craintes de son amie.

***

Le moral de Leshi était au plus bas. Alors même qu'elle s'inquiétait du développement psychologique de son fils, elle devait se rendre à l'hôpital pour son premier scan de suivi. Elle allait enfin savoir si la chimiothérapie avait fait effet. L'angoisse la tenaillait.

Quand son tour arriva, Leshi se présenta à la porte de la salle d'examen et un technicien la fit entrer. Il lui indiqua de s'allonger sur une table. Le métal était froid.

— Placez vos mains au-dessus de votre tête.

Leshi s'exécuta.

— Ne bougez plus. Le scan dure environ trois minutes.

Le technicien quitta la pièce et Leshi se concentra pour rester immobile malgré sa position inconfortable sur la surface froide. Dans un soubresaut, la table d'examen se déplaça graduellement pour rouler à l'intérieur d'un grand anneau lumineux. Le déplacement lui parut interminable.

Leshi ne savait plus à quoi penser pour faire passer le temps. Elle ruminait tous les problèmes qui lui pourrissaient la vie depuis son arrivée sur Terre : son divorce non officiel, son retour aux études éprouvant et exigeant, son agression par un inconnu, son manque de chance en amour… Zach était son plus grand réconfort dans ce voyage abracadabrant.

* * *

Alors qu'elle prenait sa douche chez elle après une longue journée de travail au studio, une idée s'imposa à l'esprit d'Évat. Elle ferma brusquement le jet et sortit précipitamment pour se jeter sur son téléphone. Elle espérait que Brax répondrait à son appel.

— J'ai trouvé comment nous débarrasser de Mathieu.

— J'écoute.

— En fait, c'est plutôt un début d'idée.

— Explique-toi.

— Comme on ne veut pas une horde d'enquêteurs à nos trousses après son meurtre ou sa disparition, le plus simple serait qu'il reste en vie.

— Peux-tu en venir au fait ?

— On pourrait importer un Gallagian dans son corps !

— Je suis venu sur la Terre pour vivre autrement, et maintenant je vais me retrouver entouré de Gallagians.

— Tu sais bien que c'est la seule solution.

— D'accord, ronchonna-t-il. Mais qui ?

Évat voyait des visages défiler dans son esprit, cherchant dans ses souvenirs des candidats potentiels à une importation. Brax rompit le fil de ses pensées.

— Attends, ma méthode ne fonctionne que sur des personnes atteintes de maladie mentale. Mathieu est un homme solide. Je doute qu'il n'abandonne son corps aussi facilement.

— Je t'ai dit que ce n'était qu'une ébauche, s'impatienta Évat.

— Bien sûr, c'est un excellent début, se reprit Brax, ne voulant pas causer de frictions avec Évat.

— Nous finirons bien par trouver comment régler les petits

détails.

— Pas si petits, quand même, répliqua-t-il.

— Nous en discuterons avec Leshi durant notre souper mardi.

Évat salua Brax et raccrocha. Elle était certaine de détenir la clé de leur liberté, même si son plan était incomplet pour l'instant.

* * *

Évat apprenait ses répliques beaucoup plus rapidement depuis que Thomas avait quitté son corps, comme si les neurones dont il se servait lui étaient maintenant disponibles pour l'aider dans toutes ses tâches quotidiennes. Alors qu'elle croyait avoir perdu de son intelligence et de sa vivacité d'esprit en intégrant une enveloppe humaine, elle réalisait que ce n'était pas du tout le cas.

Même si les cotes d'écoute de la télésérie étaient encore acceptables, Évat sentait que l'intérêt du public s'essoufflait. Elle comptait sur la scénariste et le producteur pour redresser la situation en ajoutant du piquant à l'histoire. Si elle perdait ce travail en plus de son intérêt pour les motos et sa chaine YouTube, l'argent s'épuiserait rapidement. L'hypothèque devait être payée et leur style de vie était dispendieux. Elles ne voulaient certainement pas se passer des services de la nounou et être obligées de retourner vivre dans un minuscule appartement.

L'angoisse envahit Évat. Si elle perdait cet emploi, elle finirait par manquer d'argent. Elle résolut de donner le meilleur d'elle-même sur le plateau et de trouver une nouvelle thématique pour son vlogue. Après tout, elle était maintenant une vedette et le public voulait en savoir plus sur elle.

Elle eut l'idée de partager plus de moments personnels avec ses abonnés. Elle ne pourrait évidemment pas être tout à fait authentique, mais déjà quelques concepts émergeaient dans son esprit. Le moyen le plus efficace de découvrir les sujets qui intéresseraient son public était de réaliser plusieurs essais. Elle se promit de tourner de nouvelles capsules dès la semaine suivante.

Évat repensa à sa matinée avec Leshi. Quand elle lui avait annoncé que Brax venait souper mardi, sa réaction l'avait laissée perplexe. En effet, Leshi avait simplement changé de sujet, comme si elle s'en désintéressait. Ainsi, Évat se félicita d'avoir choisi de commander à manger, car Leshi ne semblait pas disposée à cuisiner pour son ex-mari et Évat n'allait certainement pas se mettre au fourneau. Elle n'avait jamais développé d'intérêt pour les arts ménagers.

— Tout le monde sur le plateau !

L'avertissement sortit Évat de ses rêveries et elle se promit de donner une performance remarquable sous les lumières des projecteurs.

Chapitre 9

Leshi patientait depuis trente minutes dans la salle d'attente du médecin et elle commençait à avoir chaud. Zach avait épuisé sa patience depuis longtemps et elle ne savait plus comment le divertir pour éviter les pleurs.

En plus de porter Zach, elle transportait sa sacoche, un sac à couche, un biberon et des jouets. Elle suait dans son manteau d'automne, mais elle n'avait plus de main disponible, alors elle le gardait sur elle.

Enfin, quand le nom de son enfant résonna dans les haut-parleurs, Leshi se précipita dans le bureau. Zach était si agité qu'elle s'embrouilla dans ses explications. Le médecin semblait douter de ses propos et Leshi dut insister pour qu'il prenne quelques minutes pour observer son comportement.

Il agita le jouet devant les yeux de Zach et demeura perplexe.

— Il faut se rappeler que chaque bébé est unique et se développe à son propre rythme.

Leshi sentit la colère monter et elle dut se parler pour maintenir un ton agréable.

— Je crois vraiment qu'il y a un problème avec mon enfant et j'aimerais qu'on lui fasse passer des tests.

Déjà, le médecin tapait son rapport à l'ordinateur. Il daigna se tourner vers elle.

— Je peux vous donner un rendez-vous de suivi dans deux mois. Nous pourrons voir à ce moment si la situation a évolué.

Leshi n'eut d'autre choix que de partir avec pour seul prix de consolation un suivi. Elle se sentait découragée d'avoir passé un si mauvais moment à la clinique avec un résultat aussi décevant. Elle savait qu'elle avait failli à son devoir de mère, puisqu'elle considérait que Zach n'avait pas reçu des soins adéquats. Elle enrageait en retournant l'épisode dans sa tête sur le chemin du retour.

* * *

Leshi n'avait aucune envie de voir Brax ce soir-là. Avec la mauvaise journée qu'elle venait de passer, elle ne rêvait que de son lit et d'une bouteille de vin. Pourtant, elle devrait bien faire un effort pour le recevoir. Elle voulait le faire pour Évat.

Les yeux rougis par les larmes qu'elle avait versées une fois à l'abri des regards à son rctour de la clinique médicale, elle retoucha son maquillage dans la salle de bain pendant que Zach patientait dans une balançoire pour bébé. Elle revêtit une chemise de soie verte pour mettre ses iris en valeur, puis ajouta une longue chaine en argent. Elle voulait se sentir séduisante devant Brax pour lui montrer qu'il avait laissé derrière une femme sublime et accomplie. Pour terminer, elle mit une touche de parfum dans son cou avant de descendre avec Zach.

Brax devait arriver d'une seconde à l'autre. Évat avait sorti une nappe blanche et les sushis trônaient sur la table de la salle à manger.

— Te sens-tu un peu mieux ?

— À peine.

— Tu pourras te changer les idées avec nous.

— Je n'ai aucune envie de voir Brax. Ni ce soir, ni jamais.

— Allons, nous devons nous serrer les coudes ! À notre connaissance, nous sommes les trois seuls Gallagians sur cette planète.

Leshi fit la moue. Évat ne semblait pas vouloir comprendre sa réserve.

La sonnette de la porte retentit.

Leshi, Zach et Évat s'approchèrent pour accueillir leur invité. Évat ouvrit et resta bouche bée devant sa visite. À sa grande surprise, non pas une, mais trois personnes se tenaient sur le perron : Brax, Kimberley et Léa-Rose. La famille au complet s'était déplacée pour la soirée. Une expression de joie feinte sur son visage, elle leur souhaita la bienvenue et les invita à entrer sous le regard ahuri de Leshi.

— Bonsoir à tous !

— J'espère que tu avais reçu mon message ? Nous voulions en profiter pour sortir tous ensemble.

— Bien entendu, aucun problème. Il devrait y avoir assez de sushis pour tous.

— Kimberley, se présenta-t-elle en serrant la main des deux amies. Y en a-t-il qui sont cuits ? La petite ne mange pas de poisson cru.

— J'imagine que oui. Passons à table pour vérifier.

Évat prit les manteaux des invités et les accrocha dans la garde-robe de l'entrée.

— Suivez-moi, dit-elle.

Tout le monde se déplaça vers la salle à manger. Léa-Rose, qui venait tout juste de célébrer son premier anniversaire, était trop petite pour s'installer sur une chaise d'adulte, alors

Kimberley la prit sur ses genoux.

Leshi se sauva en cuisine pour aller quérir deux couverts à ajouter sur la table. Elle tenait toujours Zach dans ses bras. Un sourire figé sur les lèvres, elle s'installa dans la salle à manger avec leurs invités, alors qu'Évat décrivait les différents sushis à partir de la liste envoyée par le chef. Chaque boite était clairement identifiée.

— Ceux-ci pourraient convenir à Léa-Rose, ainsi que les hosomakis à l'avocat, déclara Évat en les montrant de l'index. Désolée de ne pas avoir prévu plus de choix.

— Quand Michael m'a dit qu'il vous connaissait, je n'ai pas pu m'empêcher de l'accompagner. Je vous vois toutes les semaines sur mon écran, alors c'est presque irréel de vous rencontrer et même vous parler.

— On peut se tutoyer, l'informa Évat.

Kimberley rit avec nervosité.

— Bien sûr !

Brax remplit son assiette. Son inconfort le poussait à manger pour s'engourdir.

— Bon appétit à tout le monde !

Leshi ajouta quelques morceaux à son assiette. Son estomac s'était noué dès qu'elle avait vu Kimberley. Comment Brax osait-il lui imposer la présence de cette femme dans sa maison ? La soirée allait être encore plus pénible que prévu.

La jalousie la tenaillait. Voir la petite famille heureuse lui rappelait ce qui lui manquait. Zach avait un père absent et une mère atteinte d'un cancer. La vie était injuste.

Kimberley ne lui prêtait aucune attention parce qu'elle était fascinée par sa rencontre avec Thomas, une vedette du petit écran.

Les sushis furent dévorés rapidement et la conversation allait bon train, mais sans la participation de Leshi qui se concentrait plutôt sur Zach pour cacher son malaise.

À la fin du mets principal, Évat se leva pour sortir un gâteau au fromage du réfrigérateur.

— Ce dessert semble délicieux, se réjouit Brax.

Évat leur servit à tous de généreuses portions. Leshi en prit une toute petite bouchée, mais Zach se mit à pleurer, ce qui lui donna le prétexte parfait pour quitter la table.

— Il a faim. Je vais lui préparer son biberon.

Leshi remarqua que Kimberley les observait pour la première fois de la soirée. Son regard se figea sur les traits de Zach. Leshi se précipita à la cuisine pour se soustraire à cet examen gênant.

***

Brax sortit dans la nuit après le repas chez Évat, portant sa fille endormie entre les bras. Au silence obstiné de Kimberley, il sentit tout de suite que quelque chose n'allait pas. Kimberley s'était imposée à cette soirée contre son gré, et maintenant l'orage grondait.

Il n'avait vraiment pas envie de se disputer. Tout ce dont il rêvait, c'était de se glisser entre les couvertures de son lit et se reposer.

Il déposa Léa-Rose dans son siège d'auto et l'attacha pendant que Kimberley démarrait la berline pour la faire réchauffer en cette nuit d'octobre.

— Tu as aimé ta soirée ? demanda-t-il en prenant place dans la voiture.

— Oui. Thomas est aussi sympathique que je me l'imaginais.

— Bon.

— Et Marie-Michelle, c'est sa femme ? Ils ne parlent jamais d'elle dans les magazines.

— C'est une amie, rien de plus.

Le silence emplit l'habitacle.

— Étrangement, Zach me fait penser à Léa-Rose au même âge.

Un frisson de peur parcourut l'échine de Brax.

— Tous les bébés font les mêmes mimiques, dit-il pour désamorcer la situation.

Brax espérait que cette explication, lancée sur le ton le plus léger qu'il avait réussi à générer, suffirait à apaiser l'intuition de sa femme.

— Depuis combien de temps fréquentes-tu Thomas ? demanda-t-elle.

Brax sentait le piège se refermer sur lui.

— Tu le sais très bien. Je le traitais à l'institut psychiatrique.

— Et son amie ?

— Je l'ai déjà vue une fois ou deux, dit-il vaguement.

À son grand soulagement, Kimberley ne lui posa pas d'autres questions. Il croisa les doigts en souhaitant qu'il n'ait plus à parler de ce sujet et que tout soit oublié dès demain.

* * *

— Quel front d'amener cette femme ici ! s'insurgea Leshi une fois que Brax et Kimberley furent partis.

— Calme-toi. Il doit y avoir une explication tout à fait logique à son manque de jugement.

Leshi gronda.

— Elle était impolie. Elle m'a ignorée toute la soirée.

— Sois raisonnable. Elle me voit chaque semaine à la télévision, alors elle devait vouloir en profiter pour me connaitre.

— Je n'ai pas aimé son attitude et elle a dévisagé Zach à la fin du repas.

— Attends, qu'est-ce que tu dis ?

— Elle a regardé Zach avec ses gros yeux.

— Est-ce que tu trouves que Zach ressemble à son père ? demanda Évat.

Leshi resta sans voix. La question d'Évat laissait entendre que Kimberley pourrait avoir des soupçons sur son lien avec Brax.

Elles se précipitèrent dans la chambre du bébé et se penchèrent sans bruit sur la couchette. Sous la faible lueur qui s'infiltrait du couloir, elles examinaient le visage du poupon endormi.

— Qu'est-ce que tu en penses ? chuchota Leshi.

— Les bébés humains sont tous identiques pour moi.

Elles sortirent de la chambre pour poursuivre leur réflexion sans réveiller Zach.

— Peut-être présente-t-il quelques traits de Michael, hésita Leshi.

— Quelle catastrophe ! Si Kimberley découvre que Brax l'a trompée, que va-t-il arriver ?

— Tant pis pour eux ! C'est elle qui a brisé mon couple, pas le contraire.

Leshi courut se cacher dans sa chambre. Elle aurait voulu claquer la porte, mais comme Zach dormait, elle dut se contenter de frapper son oreiller avec rage.

* * *

En se démaquillant le visage pour se préparer à aller se coucher, Kimberley repassait dans sa tête les moments les plus mémorables du repas en compagnie d'une de ses vedettes préférées. Pendant ce temps, son mari déposait Léa-Rose dans son lit.

Même si elle savait que Thomas avait eu des démêlés avec la justice, elle l'avait trouvé tout à fait charmant.

Par contre, sa cohabitation avec une amie et son fils l'intriguait. Il n'avait surement pas besoin de louer une chambre pour payer l'hypothèque ! Pourquoi s'embarrassait-il de leur présence, alors qu'il aurait pu profiter de sa liberté ?

Elle devait admettre qu'elle avait trouvé le bébé adorable. Elle avait réagi dès qu'elle l'avait entendu geindre. « Il a émis exactement le même son que Léa-Rose quand elle avait faim. » Soudain, elle sut. Tout était clair dans son esprit et son corps se révulsa. « Ce n'est pas possible. Je dois me tromper ! »

— Non !

Elle estima l'âge du bébé et recula de quarante semaines pour calculer la date approximative de la conception, ce qui lui donna la mi-novembre. Elle posa la main sur sa bouche ouverte comme pour étouffer un cri. La conception semblait coïncider avec la période où elle s'était réfugiée à l'hôtel. « Michael ne peut pas m'avoir fait un coup pareil », tenta-t-elle de se convaincre.

Pourtant, un doute douloureux s'était gravé dans son âme.

Cette nuit-là, Kimberley n'arrivait pas à dormir. Une foule de pensées se bousculaient dans sa tête.

Elle n'avait pas pu se résoudre à questionner son mari pour

apaiser ses doutes. En fait, elle n'était pas certaine de vouloir connaitre la vérité, car une fois qu'elle aurait la confirmation de son infidélité, elle ne pourrait jamais retourner en arrière.

Une main invisible lui pressait le cœur. Elle avait le souffle court et elle avait l'impression d'étouffer. De grands frissons parcoururent son corps et elle eut le vertige.

Elle réveilla son mari en panique.

— Que se passe-t-il ? maugréa-t-il.

Kimberley n'arrivait pas à répondre tant elle manquait d'air.

Constatant que sa femme était en crise, Brax se leva d'un bon et alluma. Il positionna les oreillers derrière elle.

— Appuie ton dos et respire. Tu fais une crise de panique et tu peux reprendre le contrôle si tu te concentres.

Les yeux de Kimberley roulaient dans leurs orbites.

— Regarde-moi. Imite-moi.

Brax fixa son regard dans celui de sa femme pour lui servir d'ancrage. Kimberley s'y plongea et reprit peu à peu le contrôle de sa respiration en suivant le rythme donné par Brax. Au bout de cinq minutes, elle sentit que son cœur était revenu à la normale. Elle s'effondra dans les bras de son mari et éclata en sanglots.

— C'est toi le père, je le sais !

— Que veux-tu dire ? bredouilla Brax.

— Zach ! Il ressemble tellement à Léa-Rose ! Ça ne peut pas être un hasard.

Kimberley lui frappa la poitrine et hurla :

— Comment as-tu pu me trahir ?

Brax n'avait pas envie de lui mentir.

— Je suis désolé…

— Sors de ma maison immédiatement ! Je ne veux plus jamais te voir.

— Calme-toi s'il te plait.

— Me calmer ! Va au diable !

Elle lui asséna un coup avec son oreiller et se leva en hurlant de plus belle.

— Hors de ma vue !

Son mari baissa la tête en signe de soumission.

— Laisse-moi au moins prendre quelques affaires.

— Tu as cinq minutes.

Kimberley sortit de la pièce. Elle ne pouvait plus supporter sa présence. Il n'avait pas nié sous le coup de ses accusations, ce qui confirmait ses doutes les plus effroyables. Non seulement il l'avait trompée, mais il avait conçu un enfant avec une autre femme ! Qui savait combien de fois ils s'étaient donné rendez-vous ?

Enfermée dans la salle de bain du rez-de-chaussée, elle s'assit sur la céramique dont le froid traversait le mince tissu de sa robe de nuit. Heureusement, Léa-Rose dormait profondément et ne semblait pas avoir été troublée par ses cris.

Kimberley tendit l'oreille pour détecter les pas annonçant le départ de son conjoint. Comme promis, il descendit bientôt l'escalier et sortit en refermant doucement la porte derrière lui.

Constatant la mort soudaine de son couple alors qu'elle le croyait plus solide que jamais, Kimberley se remit à pleurer.

Chapitre 10

rax avait su garder son calme devant la colère de Kimberley. Il était assez sage pour ne pas affronter la lave d'un volcan en éruption. Il avait commis une erreur, certes, mais Kimberley devait comprendre qu'ils étaient séparés lors des faits et que cette nuit-là avait été son unique incartade. Si seulement il avait pu lui dire qu'il l'aimait tellement qu'il avait justement quitté sa première femme pour être avec elle !

Sa valise à la main, il referma doucement la porte avec l'espoir de mettre de l'ordre dans cette histoire une fois que Kimberley se serait calmée. Elle avait éprouvé tout un choc et Brax le comprenait. Il était prêt à patienter le temps nécessaire pour la reconquérir. Sans elle, son expérience humaine perdrait son sens.

Déjà, il s'ennuyait de sa précieuse Léa-Rose. Il ouvrit la portière de sa berline et lança son sac de sport rempli sur le siège passager avant de s'assoir.

Il démarra la voiture pour chauffer l'habitacle. « Où vais-je aller ? » Tout de suite, une image de la maison de Leshi et Évat s'imposa à lui.

Il enclencha la marche arrière et recula dans la rue. Peu importe l'heure, il savait qu'il pourrait compter sur elles pour l'héberger.

Les rues étaient pratiquement désertes à cette heure tardive. En route vers Côte-Saint-Luc, il aperçut le logo illuminé d'un restaurant McDonald's. Les bretelles d'or brillaient comme un phare dans la tempête. Il activa son clignotant et emprunta la voie du service au volant ouvert vingt-quatre heures. Son cerveau se livrait un combat. « Tu ne dois pas manger tes émotions. » « Juste une fois ne peut pas faire de mal. » « Tu l'as amèrement regretté, l'autre jour. » « Je ne peux pas m'en empêcher. »

Au lieu de l'arrêter, la voix de la raison ne fit qu'amplifier son désir de manger, d'engloutir une énorme quantité de nourriture pour ne plus ressentir la douleur. Comme si le poids de la malbouffe pouvait écraser ses sentiments négatifs.

Il entendit la voix de l'employée du service au volant grésiller dans le hautparleur. Il passa sa commande.

— Un trio BigMac, un Coke, dix McCroquettes et un chausson aux pommes s'il vous plait.

Un frisson d'anticipation lui donna la chair de poule sur les avant-bras.

Alors qu'il tendait le bras pour récupérer ses aliments hypercaloriques, la salive lui emplit la bouche. Il se stationna sur place et engouffra avec frénésie le contenu du sac de papier.

Il ne prenait même pas le temps de savourer sa collation nocturne. Il se sentait déconnecté de son corps, comme s'il n'avait plus le contrôle. Même si son estomac lui criait d'arrêter de manger, sa main et sa bouche se liguaient contre lui.

Finalement, la dernière bouchée avalée, Brax sentit un profond désespoir. Loin d'avoir réglé son problème, son orgie gastronomique l'avait empiré en ajoutant la honte et l'inconfort. Penaud, il repartit vers la maison de ses amies.

* * *

Il était presque quatre heures du matin quand Évat perçut quelques coups frappés à sa porte. Elle se demanda si elle n'avait pas rêvé, mais de nouveaux bruits, plus insistants, se firent entendre.

Tout de suite, elle regarda l'heure et s'inquiéta. Une visite au milieu de la nuit ne pouvait qu'être une mauvaise nouvelle. Elle enfila un caleçon pour couvrir sa nudité et descendit au rez-de-chaussée en espérant ne pas réveiller le reste de la maisonnée.

Elle ouvrit la porte avec appréhension et découvrit Brax qui frissonnait sur la galerie, la mine abattue.

— Je peux entrer ?

— Je ne croyais pas te revoir si vite, dit-elle en se poussant sur le côté pour le laisser passer.

Brax saisit un sac et entra.

— Longue histoire. Je te raconterai tout demain. D'ici là, le sofa me conviendrait.

— Je t'apporte des couvertures et il y a un coussin sur le divan que tu peux utiliser comme oreiller.

La curiosité d'Évat était piquée, mais elle lui mit la muselière pour l'instant. Mieux valait terminer la nuit pour parler à tête reposée demain matin, devant un bon café.

Elle rapporta deux couvertures à Brax qui s'était déjà allongé dans le salon.

— Bonne nuit ! lui souhaita Évat avec pitié.

Même si elle lui en avait toujours voulu d'avoir laissé sa meilleure amie pour une humaine, elle ne se réjouissait pas de son malheur pour autant. Il ne méritait pas d'être aussi malheureux.

— Merci, souffla-t-il.

Évat retourna dans son lit sans savoir si elle allait parvenir à retrouver le sommeil.

* * *

Ce matin-là, Zach se réveilla un peu après cinq heures. En bâillant, Leshi se leva pour aller le rejoindre dans sa chambre.

— Bonjour, mon petit homme !

Zach lui sourit. Elle le prit et changea sa couche.

— As-tu bien dormi ?

Même si Zach ne comprenait probablement rien à ses monologues, Leshi avait lu que parler à son bébé lui permettait de se familiariser avec les sons et les mots et favorisait son apprentissage du langage.

Elle lui mit une couche et un pyjama propre en chantonnant.

— Comme tu es beau en bleu ! le complimenta-t-elle en lui donnant quelques baisers dans le cou.

La routine du réveil était bien implantée. Il était maintenant l'heure de préparer le biberon. Elle prit son fils dans ses bras et descendit l'escalier.

Dans la cuisine, elle déposa la bouteille de lait maternisé dans le chauffe-biberon. En apercevant son repas, Zach s'agita, pressé de sentir le breuvage tiède couler dans sa gorge.

— Sois patient, c'est bientôt prêt, le raisonna Leshi sans succès.

Après une minute, Leshi testa le lait sur son poignet et Zach poussa des cris de désespoir en voyant la bouteille si près de sa bouche. Elle lui présenta enfin la tétine et il se mit à téter avec appétit. Leshi se dirigea vers le salon avec l'intention de s'installer confortablement dans son fauteuil préféré.

Elle poussa un cri en découvrant un homme sur le sofa. Zach sursauta et se mit à pleurer. Brax se retourna et Leshi distingua son visage.

— Brax ! Que fais-tu ici ?

Évat arriva en courant alors que Brax se redressait péniblement. Les courtes heures de sommeil sur le sofa inconfortable n'avaient pas été suffisantes et ses yeux étaient rouges et cernés.

— Il est arrivé cette nuit, expliqua Évat.

— Pourquoi ?

Brax se racla la gorge.

— Kimberley m'a jeté dehors.

— Que s'est-il passé ? demanda Leshi en s'assoyant sur le fauteuil pour y réconforter Zach.

— Je ne sais pas comment elle a pu deviner ! Zach lui rappelait Léa-Rose au même âge. Elle en a conclu que j'étais son père.

Leshi et Évat se regardèrent. L'intuition de Leshi ne lui avait pas menti.

— Quelle histoire ! Jamais je n'aurais cru que la ressemblance était si frappante, s'étonna Leshi.

— Il semble que, pour une mère, elle sautait aux yeux.

— Autant dire que je ne suis pas à la hauteur dans mon rôle parental, s'offusqua Leshi. Je n'ai rien remarqué, moi.

Brax se prit la tête à deux mains.

— Je ne veux pas la perdre ! Tout se passait bien depuis notre réconciliation !

Leshi avait du mal à sympathiser avec lui, alors même qu'il ne s'était pas gêné pour l'abandonner comme un vulgaire et inutile bécher cassé quelques mois plus tôt.

Évat s'assit à côté de Brax sur le divan et posa sa main sur son épaule pour le réconforter.

— Tu es le bienvenu ici, le temps nécessaire.

Évat se tourna vers elle.

— N'est-ce pas ?

Leshi hésita. Même si elle lui en voulait terriblement, elle se sentait en partie responsable de son malheur.

— Évidemment, accepta-t-elle à regret.

— Il y a une pièce libre au sous-sol. Il suffit d'acheter un lit et le tour sera joué.

— Je ne resterai pas si longtemps, ce n'est pas nécessaire, s'opposa Brax.

— J'avais déjà prévu d'en faire une chambre d'amis. Grâce à toi, je vais réaliser mon projet plus rapidement.

— D'accord. Je ferai de mon mieux pour me rendre utile.

Son visage se tordit.

— Je vais laisser quelques jours à Kimberley pour se calmer. J'ai bien l'intention de me faire pardonner mon erreur.

Leshi posa ses mains sur les oreilles de Zach.

— Comment peux-tu proférer des insultes pareilles devant moi et ton propre fils ?

— Ce n'est pas ce que je voulais dire, tenta-t-il de se rattraper.

Mais il était trop tard et Leshi quittait déjà la pièce en furie.

Évat se leva.

— Ton séjour promet d'être divertissant !

* * *

Alors qu'il sortait les vidanges le mercredi soir, Brax remarqua une ombre furtive entre les arbres de l'autre côté de la rue. Il jeta le sac et roula le bac jusqu'au trottoir. Même si le froid l'incitait à rentrer le plus vite possible, il s'attarda pour observer plus attentivement les parages. Sa vision périphérique ne l'avait pas trompé, puisqu'il aperçut un homme qui rôdait.

Brax décida de l'aborder, car sa présence avait piqué sa curiosité.

— Bonsoir ? lança-t-il.

L'homme s'immobilisa, puis partit en courant sans se retourner. Brax ne put voir son visage, mais la silhouette lui semblait familière.

« J'espère que ce n'est pas Mathieu qui espionne Évat ! Si elle ne peut même pas être tranquille chez elle… »

Il tenta de se convaincre que ce n'était qu'un simple marcheur et retourna se mettre à l'abri du froid.

* * *

En secret, Leshi échangeait depuis une semaine des messages textes avec Mathieu. Leur soirée en tête à tête n'avait peut-être pas été des plus réussies, mais ses textos la divertissaient et Leshi attendait avec impatience de les lire.

Au fil des jours, leur relation s'était approfondie et elle avait appris à mieux le connaitre. Elle aurait aimé le revoir, mais un rendez-vous semblait impossible. Entre Zach et ses traitements, Leshi n'avait plus d'énergie pour sortir. En plus, elle devait mentir non seulement à Évat, mais à Brax aussi maintenant qu'il vivait sous le même toit qu'elle. Aucun des deux n'aurait approuvé sa décision. Alors, elle se contentait de ses conversations virtuelles avec Mathieu. Pour l'instant.

Elle le trouvait si gentil ! Il s'informait sur ses activités et ses allées et venues. Leshi était fière qu'un homme aussi beau s'intéresse ainsi à elle.

Même si Brax passait un peu de temps avec Zach, il ne semblait pas s'y attacher outre mesure. Il était évident qu'il ne rêvait qu'à retrouver les bras de Kimberley et à reformer avec elle et Léa-Rose sa famille.

Leshi n'avait jamais complètement réussi à tourner la page sur l'échec de son mariage. Par contre, elle espérait qu'une nouvelle relation amoureuse l'aiderait à tirer un trait définitif sur cette partie de son passé.

* * *

Quand Brax entendit Évat qui préparait son déjeuner avant de partir au studio, il sortit de sa chambre pour la rejoindre à la cuisine.

— J'ai fait du café. En veux-tu ?

Une délicieuse odeur embaumait la cuisine. Évat lui pointa une armoire où il trouva une tasse et se versa du liquide encore chaud de la cafetière.

— Je veux te parler avant que Leshi ne descende, chuchota-t-il en arrivant près d'elle.

Évat se tourna vers lui pour lui prêter toute son attention.

— J'ai vu Mathieu, hier.

— Où ?

— En fait, je ne suis pas certain que c'était lui. Un homme rôdait autour de la maison quand j'ai sorti les poubelles.

Évat tournait sa tasse avec nervosité.

— Tu crois qu'il nous espionne ?

— Peut-être. Une chose est sûre, il est temps d'ajouter des rideaux à toutes les fenêtres.

— Effectivement. Je vais demander à Leshi si elle peut en commander aujourd'hui pendant que Danielle s'occupe du petit.

Leshi arriva sur ses paroles, Zach dans les bras.

— Commander quoi ? demanda-t-elle en ouvrant la porte du réfrigérateur pour en sortir un biberon.

— Brax m'a fait remarquer qu'un peu de décoration égayerait la maison. Il faudrait ajouter des rideaux.

— Tu es décorateur à temps partiel ? lança-t-elle avec agressivité à Brax.

Sentant l'animosité de Leshi, Brax hésita à ouvrir la bouche pour répondre. Quand Leshi décidait d'être désagréable, il valait mieux ne pas la contrarier davantage. Évat s'interposa pour éviter que la discussion ne s'envenime.

— Tu ne peux pas nier que nous avons besoin de rideaux, quand même !

Leshi fit la moue.

— Très bien ! Je vais m'en occuper puisque je suis la seule à ne pas avoir de vie, apparemment.

— L'avantage, c'est que tu pourras choisir ce qui te plait.

— Ouin, maugréa Leshi.

Elle déposa Zach dans les bras de Brax pour se faire à déjeuner.

Brax décocha un clin d'œil à Évat pour la féliciter d'avoir si habilement maitrisé l'irritation de Leshi.

***

Une fois son déjeuner avalé, Brax prit une douche rapide et choisit une chemise froissée parmi celles entassées dans son sac. Il devait se rendre au travail. Après tout, la vie continuait malgré le manque de sommeil et surtout la douleur d'avoir blessé Kimberley. Il avait failli à son rôle de conjoint. Il aurait dû la protéger et non pas lui causer de la douleur.

Il lui envoya un message pour lui manifester son amour sans s'attendre à une réponse. Il savait qu'il avait commis une erreur difficile à pardonner. Peu importe la planète où il se trouvait, il s'était engagé dans une relation monogame et donc son partenaire s'attendait à sa fidélité et son exclusivité. Il avait trahi cette confiance et cet engagement.

Comme Évat avait vendu sa moto et empruntait les transports en commun, il avait pris la liberté de stationner sa voiture dans le garage. Il pressa le bouton de l'opérateur de porte pour l'ouvrir, puis recula dans la rue pour se diriger vers sa clinique. Encore une fois, il allait devoir prétendre devant Suzie et ses patients que tout allait bien, alors même que sa vie privée tombait en morceaux. Sa gorge se serra en pensant à sa belle Léa-Rose. Il s'ennuyait déjà d'elle et aurait tout donné pour la prendre dans ses bras comme tous les matins.

Chapitre 11

Kimberley s'était réveillée avec un intense mal de tête. Le stress de gérer la maisonnée expliquait sa douleur. En effet, elle n'avait pas l'habitude de se retrouver toute seule à exécuter les routines du matin et du soir avec Léa-Rose. Il y avait tant à faire, alors qu'elle n'avait que deux mains, un cerveau et peu d'énergie !

Elle roula hors du lit pour avaler deux comprimés d'acétaminophène. Elle devait se préparer pour sa journée tout en s'occupant de sa fille et partir plus tôt pour aller la déposer dans un centre de garde. En temps normal, c'était son conjoint qui avait la responsabilité d'aller la reconduire.

Le regret de son absence fut vite remplacé par le souvenir de la veille. Elle se rappela pourquoi il n'était pas là, pourquoi elle lui avait demandé de quitter la maison au milieu de la nuit. La colère refit surface. Elle n'allait jamais lui pardonner un tel affront.

— Où, papa ?

— Papa devait travailler tôt ce matin, mentit Kimberley. Il est déjà parti.

— Mon bisou !

Léa-Rose semblait sur le point de pleurer. Kimberley paniqua. Elle n'avait pas le temps de gérer une crise en plus de tout le reste.

— Tu pourras lui en donner deux ce soir, lui promit-elle en espérant l'apaiser.

Elle détestait la tromper ainsi, mais elle n'allait tout de même pas expliquer à sa fille d'à peine un an qu'elle avait appris l'infidélité de son mari et l'avait jeté dehors !

Elle contemplait sérieusement le divorce, mais elle voulait laisser la poussière retomber pour ne pas se précipiter. Même s'il n'avait pas démenti ses accusations, elle ne lui avait pas donné l'opportunité de s'expliquer. Il viendrait peut-être un jour où elle serait prête à entendre sa version de l'histoire. Peut-être.

Léa-Rose sembla accepter ou oublier l'absence de son père et elle se remit à manger son déjeuner. Malgré toutes les émotions négatives, Kimberley s'ennuyait du soutien de son conjoint.

* * *

Encore une fois, Leshi emprunta les transports en commun pour se rendre à l'hôpital. Elle trouvait qu'elle y passait beaucoup trop de temps depuis les dernières semaines. Elle s'en voulait de laisser Zach aussi souvent avec Danielle, mais elle devait se faire une raison. Chaque heure perdue à l'hôpital pouvait allonger sa vie exponentiellement. Si elle était parmi les chanceuses.

Malgré la douleur causée par les traitements, elle voulait le faire pour Zach. Il devait grandir avec sa mère, encore plus vrai qu'elle était monoparentale.

L'image de son ravissant visage souriant en tête, elle poussa la porte du centre hospitalier avec un peu plus de détermination. Aujourd'hui, l'oncologue devait lui dévoiler le résultat de son scan. Si elle avait cru en un des dieux des Terriens, elle aurait prié.

La gorge nouée, elle attendit dans la salle d'attente d'entendre appeler le nom de Marie-Michelle avant de se rendre dans la pièce sans âme où travaillait le spécialiste.

Elle s'assit devant lui alors qu'il révisait les notes de son dossier sur l'écran d'ordinateur.

Leshi était pétrifiée et répondit à peine à sa salutation.

L'oncologue la regarda avec une mine affligée.

— Je suis désolé de vous dire que la chimiothérapie n'a pas donné les résultats escomptés.

Il prit une pause pour lui laisser le temps de traiter l'information. Puis, il ajouta :

— Les tumeurs ont grossi et il y en a même de nouvelles dans le col de votre utérus.

Leshi eut l'impression de recevoir un coup dans l'estomac. Elle se sentit vraiment seule tout à coup. Il lui semblait qu'elle aurait dû avoir le soutien d'un proche, quelqu'un sur qui compter pour la rassurer et l'encourager.

Le reste des paroles de l'oncologue se perdit dans un brouillard. La seule information qu'elle parvint à comprendre était qu'il lui proposait un traitement différent dès la semaine suivante. Du bout des lèvres, elle remercia le spécialiste et quitta la pièce.

Elle ne sut pas comment elle trouva le courage et la force de rentrer chez elle, mais quand elle arriva, elle prit Zach des bras de sa nounou et le serra fort contre son cœur. Faisant fi de la présence de Danielle, elle se laissa glisser au sol en pleurant sur les cheveux de son fils.

* * *

Alors que les trois Gallagians se retrouvaient pour le souper, Leshi partagea sa mauvaise nouvelle. À son grand étonnement, elle réussit à ne pas pleurer, probablement parce qu'elle avait passé une bonne partie de la journée à épuiser toutes les larmes de son corps.

Personne n'avait beaucoup d'appétit après avoir reçu un tel choc.

— Ils trouveront un traitement qui fonctionnera, tu verras, tenta de l'encourager Évat.

Mais elle-même était remplie de doutes.

* * *

Dès qu'il entra dans sa clinique, Suzie annonça à Brax qu'un nouveau patient était à l'horaire cette journée-là. Son adjointe avait pris l'habitude de l'aviser à ce sujet pour éviter que Brax ne soit surpris en les recevant.

— Merci, Suzie.

— J'ai ouvert son dossier électronique, évidemment.

— Toujours aussi efficace.

— Il sera là en fin d'avant-midi.

Ainsi, les heures passèrent jusqu'à ce que Brax ouvre la fiche du nouveau patient. Il avait toujours cinq minutes pour réviser le dossier avant de recevoir ses clients.

— Merde !

Le nom de Mathieu Bouchard lui sauta aux yeux.

Pour l'aider, Suzie prenait le temps de remplir les fiches avec les détails que les patients acceptaient de lui dévoiler au téléphone lors de la prise de rendez-vous. Dans ce cas-ci, Suzie avait inscrit « stress posttraumatique ». Considérant le métier de Mathieu, ce problème pouvait être plausible, mais Brax doutait des motifs de Mathieu. Malheureusement, il était trop tard pour éviter leur rencontre puisque celui-ci franchissait déjà la porte de son bureau.

Brax avait la ferme intention de garder son sang-froid et d'agir avec tout le professionnalisme dont il était capable. Tout à coup, il se sentit las de se cacher et de se débattre. Alors qu'il aspirait à une vie simple, tout semblait toujours finir par se compliquer.

— Bienvenue Mathieu. Est-ce que c'est la première fois que vous consultez un psychothérapeute ?

Mathieu prit place dans le fauteuil du patient.

— Oui.

— Alors notre objectif aujourd'hui est de déterminer ensemble si je suis bien en mesure de comprendre vos besoins et vos attentes.

Mathieu acquiesça.

— Vous avez parlé de choc posttraumatique à mon adjointe. C'est bien ce dont vous voulez discuter avec moi ?

— Plus ou moins. J'aimerais plutôt parler d'une relation.

— Avez-vous des problèmes conjugaux ?

— Non. Mon ami d'enfance m'a abandonné et j'ai du mal à comprendre.

Brax ressentit un malaise. Il était convaincu que Mathieu songeait à Thomas et qu'il essayait de le piéger.

— Les gens changent.

— Une amitié aussi solide ne se désagrège pas sans raison.

Brax se racla la gorge. Il décida d'attaquer le problème de front.

— Puis-je vous demander si l'ami en question s'appelle Thomas Paré ?

— Oui.

— Je ne suis pas en mesure de divulguer des informations personnelles et confidentielles au sujet de mes patients, passés ou présents.

— J'ai besoin de savoir !

— Le seul à pouvoir vous répondre est votre ami.

Brax se mordit la lèvre. Il devait éloigner Mathieu et non pas le motiver à pourchasser Évat.

— Il m'évite.

— Ce que je peux vous dire, c'est qu'un traumatisme tel que celui que votre ami a vécu changerait n'importe qui. Peu importe la raison qui l'éloigne de vous, il faut accepter et lâcher prise.

Brax se félicita d'avoir tourné la conversation à son avantage. Il s'autorisait une entorse à son code déontologique pour sauver leur peau.

Mathieu gardait la tête baissée.

— Je sais que vous lui avez fait quelque chose. Je ne peux pas dire quoi, mais il n'est plus le même.

— La maladie mentale provoque bien des bouleversements.

— Quand je regarde au fond de ses yeux, son étincelle n'est plus là. C'est difficile à expliquer. Comme si son âme rebelle n'existait plus.

Brax n'arrivait pas à croire à la perspicacité de l'enquêteur. Il pensait qu'aucun humain ne pourrait ressentir la substitution, la différence subtile dans l'essence de l'hôte.

— Notre temps est malheureusement écoulé. Maintenant

que vous m'avez confié votre problème, je crois qu'il serait préférable que je vous recommande à un collègue pour éviter un conflit d'intérêts.

— Mais vous êtes le seul à pouvoir m'aider ! Vous avez côtoyé Thomas durant sa maladie !

— Comme je vous l'ai mentionné, je ne peux discuter de son cas avec vous. Il serait donc plus approprié de consulter un autre professionnel.

Il lui tendit une carte de visite, mais Mathieu la refusa.

— À quoi bon ? Je trouverai une autre façon d'arriver à mes fins.

Il sortit précipitamment. Alors que Brax aurait dû être soulagé de son départ, il sentait que Mathieu n'allait jamais abandonner. Ils allaient devoir s'en occuper le plus tôt possible, mais comment ?

* * *

Debout devant son miroir, Leshi observait son visage ravagé par la maladie. Quelques cheveux pendaient de son crâne dégarni. De rares cils soulignaient encore ses yeux et ses sourcils avaient disparu. De larges cernes tachaient sa peau cireuse.

Trois traitements avaient réussi à détruire ce corps qu'elle aimait tant. Elle n'avait pas su l'apprécier à sa juste valeur et maintenant il était trop tard.

Elle avait pleinement conscience de la réalité immuable de la mort, autant sur Gallagia que sur la Terre, mais elle sentait que cette fatalité s'approchait dangereusement malgré les traitements. Elle ne voulait pas baisser les bras, elle ne pouvait pas en raison de son fils, mais dans les profondeurs de son esprit, elle devinait que son heure arrivait.

Elle se jeta sur son lit et pleura sur son sort pour la millième fois.

* * *

À la demande de son agente, Évat avait accepté de se rendre trois fois par semaine au gymnase. Elle devait entretenir son physique avec un entraineur pour maintenir sa crédibilité à l'écran dans un rôle d'enquêteur.

Claudine avait fait les démarches nécessaires pour dénicher un endroit adapté à son statut de personnalité publique. Elle lui en était reconnaissante, car elle n'aurait même pas su par où commencer pour s'abonner. Ainsi, elle n'avait qu'à se présenter sur place, à l'adresse fournie par Claudine, à l'heure de son rendez-vous. Un kinésiologue serait avec elle pour l'aider et maximiser la croissance de sa musculature.

Sans comprendre pourquoi, Évat était intimidée en poussant la porte du centre d'entrainement. Elle se sentait plus impostrice que jamais. Même si Leshi lui avait présenté quelques vidéos sur YouTube pour qu'elle sache à quoi s'attendre, elle pénétrait dans un univers inconnu qui avait ses propres règles. Elle allait devoir bien jouer son rôle une fois de plus.

Un homme musclé et souriant s'approcha d'elle. Ses biceps étaient si gonflés que ses bras semblaient flotter loin de son torse.

— Thomas ?

Ils se serrèrent la main. Évat remarqua sa poigne ferme et se surprit à ressentir une attraction physique pour lui, une première pour elle.

Elle le trouvait très beau, mais quand Thomas parasitait son cerveau, elle n'avait éprouvé du désir que pour des femmes et elle n'avait eu de relations sexuelles qu'avec des humaines. Désormais, elle exerçait le plein pouvoir décisionnel et elle se sentait irrémédiablement attirée par cet homme. Elle retrouvait son orientation sexuelle d'origine.

— Arnaud.

Il lui sourit et Évat remarqua ses dents resplendissantes. En plus, ses yeux brillaient de bonne humeur. Un frisson lui chatouilla la nuque en admirant ses lèvres qui remuaient.

— Commençons par prendre des mesures de référence. Elles serviront à évaluer tes progrès dans quelques semaines.

Évat le suivit dans une pièce fermée où Arnaud mesura, pesa et testa son corps. Elle se sentait troublée d'être si près de lui et de l'effleurer de ses mains à l'occasion, de façon tout à fait accidentelle évidemment. Son odeur l'enivrait et Évat avait l'impression qu'il y avait de l'électricité dans l'air. Curieusement, elle éprouvait une gêne inexplicable qui rendait impossible la tenue d'une conversation digne de ce nom.

Arnaud remplit une grille d'informations sur son ordinateur.

— Très bien ! Maintenant, on connait le point de départ.

Il cliqua pendant une minute de plus avant que l'imprimante s'active.

— J'ai conçu un programme d'entrainement spécifiquement pour répliquer le genre d'exercices auxquels sont soumis les étudiants en technique policière.

— Bonne idée !

— C'est ton agente qui y a pensé.

Arnaud saisit la feuille et la montra à Évat.

— Nous allons répéter tous ces mouvements à deux reprises en une heure et nous ferons cette routine trois fois par semaine.

Évat grimaça.

— S'il le faut !

Arnaud rit en lui donnant une puissante claque dans le dos.

— Allez ! Tu risques d'aimer ça.

Évat quitta l'intimité de la pièce à regret et suivit Arnaud vers la première machine. Celui-ci jaugea son client, qui lui parut plutôt fort malgré sa minceur, puis inséra une tige métallique pour retenir une trentaine de livres.

— Débutons avec ce poids pour voir.

Évat s'assit sur l'appareil et saisit deux poignées. Elle tira et Arnaud dut corriger son mouvement.

— Très bien. On fait dix répétitions.

Évat suait à grosses gouttes à la fin de sa séance. Malgré la douleur, elle devait admettre qu'elle s'était amusée, surtout grâce à l'enthousiasme d'Arnaud. Il lui donna une solide tape dans la main pour le féliciter.

— Bravo pour cette première journée. On se revoit dans deux jours.

— Merci.

Évat se doucha avant de rentrer chez elle. Elle s'en voulait de ne pas avoir su engager la conversation avec Arnaud, mais elle aurait bien le temps de se reprendre. « J'espère qu'il aime les hommes, » pensa-t-elle en se regardant dans le miroir.

* * *

Brax n'avait toujours reçu aucun signe de Kimberley.

Elle avait ignoré tous ses messages textes et avait refusé tous ses appels. Brax aurait préféré ne pas avoir à se présenter chez lui, car il ne voulait pas de disputes et de cris devant sa fille. Cependant, si Kimberley persistait à l'ignorer, il n'aurait pas d'autre choix.

« Je lui laisse encore deux jours, après, je lui rends visite. »

Chapitre 12

Deux jours plus tard, Kimberley entendit trois coups frappés à la porte. Son estomac se serra. Elle pressentait que cette personne ne pouvait être que son mari. Sauf qu'elle n'était pas encore prête à lui parler.

Elle ne voulait pas entendre ses excuses et ses explications, mais en même temps, il lui manquait terriblement. Ils formaient une belle équipe. Sauf qu'il avait tout gâché.

Elle vérifia que Léa-Rose jouait en sécurité, jeta un coup d'œil à sa coiffure dans le miroir de l'entrée, puis ouvrit la porte avec appréhension.

Comme elle s'y attendait, son mari se tenait sur la galerie avec un bouquet de fleurs à la main.

— Tellement cliché, lui dit-elle.

Brax frissonnait.

— Je peux entrer ?

— Tu n'aurais pas dû venir ici.

— Tu ne m'as pas laissé le choix.

— D'accord. Cinq minutes.

Quand il entra dans le salon, Léa-Rose cria de joie en le voyant. Elle se mit sur ses pieds en se poussant sur le sol et marcha en titubant vers lui en lui tendant les bras.

— Papa !

Il déposa un baiser sur ses cheveux tout doux alors qu'elle se collait à lui.

Kimberley croisa les bras, comme pour se protéger. Elle n'arrivait pas à rester insensible à l'amour qui irradiait entre le père et la fille, mais elle ne voulait surtout pas se laisser attendrir.

— Je pourrais t'aider pour le souper, donner le bain à Léa-Rose et la coucher, ensuite nous pourrions discuter tranquillement.

Kimberley hésita. Son aide ne serait pas de refus, mais elle aurait à subir sa présence.

— Je partirai dès que tu me le diras. Je n'ai pas l'intention de m'imposer, dit Brax pour la rassurer.

— S'il le faut...

Brax sourit. Il avait gagné un peu de terrain, ce qui augurait bien pour la suite.

Il sut se rendre indispensable avec Léa-Rose, qui le suivait partout et babillait sans s'arrêter, comme pour lui raconter tout ce qu'elle n'avait pu lui dire depuis son départ. Elle était manifestement ravie de passer du temps en sa compagnie.

Ils soupèrent en famille et portèrent surtout attention à Léa-Rose, une source de distraction bienvenue, qui profitait de l'occasion pour s'imbiber de l'amour de ses parents. Kimberley se sentait mal à l'aise. Elle repensait constamment à l'infidélité de son mari. Elle aurait payé cher pour effacer cette faute.

Pendant qu'elle faisait la vaisselle et rangeait la cuisine, Brax donna le bain. Elle les entendait rire ensemble. Retrouver cette routine la touchait, sauf qu'elle ne devait pas fléchir. Elle ne pouvait plus lui faire confiance.

Elle termina ses tâches et prit place au salon avec sa liseuse électronique. Elle se plongea dans un roman d'amour en attendant que Léa-Rose soit au lit. Au bout d'une dizaine de minutes, elle entendit les pas de Brax dans l'escalier.

Il vint s'assoir à côté d'elle et elle déposa sa liseuse. Son cœur s'affolait. Elle craignait la conversation qui allait suivre et se promit de garder son calme. Brax lui prit les mains. Elle ne réagit pas.

— Ce n'est arrivé qu'une fois. Nous étions séparés à ce moment.

— Ce n'était pas une raison pour te lancer sur la première venue !

Brax se demanda s'il devait dévoiler qu'il connaissait Leshi depuis très longtemps, puis décida que cette information n'aiderait pas sa cause.

— Tu as raison. J'étais perdu sans toi.

Kimberley ne put retenir une larme qui glissa le long de son nez.

— Imagine ! Tu as un fils avec une autre femme ! Je ne peux pas te pardonner. Je ne veux pas.

Kimberley retira ses mains de celles de Brax.

— Kimberley, je suis tellement désolé ! Je ne peux pas effacer le passé, mais je ne veux pas perdre notre futur.

— Tu aurais dû y penser avant.

— Comment me faire pardonner ? Léa-Rose a besoin de moi.

Silence.

— J'étais là pour toi dans les moments difficiles, insista Brax.

— Ce n'est pas pareil !

— Non, tu as raison.

Brax cherchait une parole à ajouter, une phrase qui aurait pu réparer leur relation, mais rien ne lui vint. Il se leva.

— Je vais y aller alors. Tu me donneras des nouvelles de toi et Léa-Rose ?

— Peut-être.

Elle l'accompagna à la porte et le regarda partir, le cœur en miettes.

* * *

Kimberley avait décidé de prendre une journée de congé pour aller voir sa mère. Même si avouer ses problèmes conjugaux la répugnait, elle ressentait le besoin de se confier. Elle avait eu trop honte pour en parler à qui que ce soit, mais elle n'arrivait plus à tout cacher et à retenir le volcan d'émotions qui s'agitait en elle.

Elle entra dans la maison de son enfance avec Léa-Rose dans les bras.

— Maman, dit-elle, des larmes dans la voix.

Sa mère prit Léa-Rose et Kimberley enleva son manteau.

— Tu as l'air terrible. Quelque chose ne va pas ?

— Je ne peux pas en parler devant elle.

— Viens, je nous prépare du café.

Sa mère se dirigea vers la cuisine avec l'enfant. Elle l'assit sur le comptoir pour préparer la cafetière. Léa-Rose était enchantée d'aider avec ses petites mains curieuses et d'avoir toute l'attention de sa grand-mère.

— Sors-nous des tasses, s'il te plait.

Kimberley s'empara de deux contenants dépareillés de l'armoire et y versa le café brulant, puis se mit du lait et du sucre.

— Allons au salon.

Sa mère souleva Léa-Rose et Kimberley la suivit avec les

deux tasses. Plusieurs jouets étaient disposés sur le tapis du salon pour tenir la petite fille occupée.

— Ça devrait la divertir quelques minutes, dit-elle en la déposant sur le sol.

Tout de suite, Léa-Rose marcha vers la table de jeu. Elle aimait faire rouler les balles dans les glissades.

Kimberley avait une boule dans la gorge, mais elle savait que sa fille ne lui laisserait pas le loisir d'étirer sa conversation.

— Michael est parti, maman.

— Que s'est-il passé ?

Elles parlaient tout bas pour ne pas attirer l'attention de l'enfant qui jouait.

— En fait, je lui ai demandé de partir.

Les mots semblaient coincés dans sa gorge. Elle prit une pause. Sa mère respecta son silence.

— Il m'a trompée.

— Tu en es sure ?

— Certaine. Il dit que ce n'était qu'une fois.

Sa mère semblait frappée de plein fouet par cette nouvelle inattendue.

— Vous aviez l'air si heureux !

— Il a commis ce geste pendant ma dépression postpartum.

— Ça explique un peu plus son comportement, mais ça ne l'excuse pas.

— Ce n'est pas tout.

Kimberley voulait se défaire du poids de toute la vérité qui pesait sur son cœur.

— Un enfant est né de cette aventure d'un soir.

— Non !

Léa-Rose se retourna et vint demander à sa grand-mère de jouer avec elle. Celle-ci se plia à sa demande, mais elles devaient poursuivre leur conversation. Maintenant que sa mère était au courant de la situation, Kimberley avait besoin de conseils.

L'occasion se présenta alors que Léa-Rose fit une sieste un peu plus tard.

— Que dois-je faire, maman ? Il me manque, mais je n'arrive pas à lui pardonner.

— Je ne peux pas te dire quoi faire. Tout ce que je sais, c'est que tu peux être heureuse avec ou sans lui.

— Tu crois ?

— Bien sûr.

— Je me sens seule, tous les soirs et tous les matins.

Sa mère lui prit les mains, ce qui n'était pas dans ses habitudes.

— Laisse-toi du temps.

* * *

Alors que Leshi faisait une sieste, son téléphone émit une notification, ce qui la réveilla.

Une chance qu'Évat avait eu la bonne idée d'embaucher Danielle, ce qui lui permettait de dormir aussi souvent qu'elle en avait besoin. Elle sentait sa force vitale s'amenuiser un peu chaque jour et il lui aurait été impossible de bien s'occuper de son fils.

Sur son écran s'affichait une invitation de Mathieu. Il voulait la voir à nouveau, ce qui lui fit plaisir. Pour une fois, elle n'était pas celle qui chassait et elle aimait bien cette nouveauté. Elle se sentait flattée d'attirer l'intérêt d'un homme.

En souriant, elle lui écrivit qu'elle acceptait de le revoir avec plaisir et ils s'entendirent pour se voir le soir même.

***

Sur Gallagia, Évat n'appréciait pas particulièrement Brax. Elle n'avait jamais compris que son amie s'entiche de lui.

Elle en avait eu la preuve quand il lui avait préféré Kimberley une fois sur Terre, ce qui prouvait son point.

Sauf qu'elle avait appris à mieux le connaitre depuis qu'il vivait chez elle et ils avaient bien collaboré. Ça ne rachetait pas toutes ses erreurs, mais ils semblaient avoir établi une relation agréable. Du moins, elle arrivait à souper avec lui sans rouler des yeux chaque fois qu'il ouvrait la bouche.

En rentrant de son travail ce soir-là, elle le vit dans le salon, assis devant la télévision, une bière à la main.

— Dure journée ? demanda-t-elle en se laissant tomber sur le divan.

— Vraiment.

Il prit une gorgée.

— Je pensais que venir sur Terre règlerait tout. Que j'aurais enfin la vie de mes rêves ! Sauf que rien n'a changé. Les problèmes sont différents, certes, mais je me sens encore malheureux parfois.

— As-tu parlé avec Kimberley ?

— Oui. Elle a pris le temps de m'écouter, sauf que je doute qu'elle puisse me pardonner.

— Dommage.

— Et sais-tu que Mathieu est maintenant mon client ?

Impossible de me débarrasser de lui.

— Il est temps de prendre des mesures fortes.

— Que suggères-tu ?

— Attrapons-le et implantons quelqu'un d'autre dans son cerveau.

— Je pourrais commander une nouvelle micropuce, sauf que je ne sais pas qui importer ici. As-tu des amis sur Gallagia qui pourraient s'adapter à la vie humaine sans nous mettre dans l'embarras ?

— Et si Mathieu parle de nous à ses collègues ? Il sera trop tard. On ne peut pas se permettre d'attendre et de le laisser alerter tout le corps policier. On peut neutraliser une personne, pas cinquante.

Le plaidoyer d'Évat avait convaincu Brax. Il sortit son téléphone de sa poche pour commander immédiatement la micropuce. Il retrouva facilement le site web et acheta le même produit que ce qu'il avait utilisé pour Leshi et Évat.

— Mieux vaut être préparé. Mon colis devrait arriver dans trois jours. Ça nous laisse le temps de choisir un bon candidat à téléporter.

— Parfait. Au pire, on attrape Mathieu et on le garde enfermé dans le sous-sol en attendant de trouver quoi faire pour la suite.

— C'est risqué !

— Moins que de le laisser se promener et raconter qui sait quoi à qui sait qui.

Brax réfléchit un moment.

— Je vais devoir aller récupérer mon ordinateur chez moi. J'ai besoin du code que j'ai créé pour Leshi.

— Kimberley sera surprise de te revoir pour une deuxième fois en un si court laps de temps.

— Peut-être, mais je n'ai pas le choix d'y aller le plus tôt possible. J'ai dû travailler une semaine pour modifier le code pour ta venue, alors j'estime que ce sera encore aussi long. Chaque individu nécessite son propre programme, puisque chaque essence est différente.

— Tu prendras le temps qu'il faut. Au pire, nous garderons Mathieu plus longtemps, c'est simple.

— J'imagine que je pourrais faire une prescription pour obtenir du Xyrem, songea Brax.

— Qu'est-ce que c'est ?

— As-tu déjà entendu parler de la drogue du viol ?

— Jamais.

— Cette drogue qui a un effet sédatif et qui peut causer des pertes de mémoire.

— Intéressant.

— Ce produit est vendu en pharmacie sous le nom de Xyrem.

— Wow ! C'est une idée géniale ! s'enthousiasma Évat.

— Il faudra lui administrer avec précaution. Il est très facile de faire une surdose. Je ne veux pas me retrouver avec un cadavre sur les mains.

— Moi non plus ! Nous serons prudents.

— Donc ?

— Tu peux déjà aller chercher ton ordinateur et rédiger la prescription. Pour la suite, il faudra être patient, conclut Évat.

— De quoi parlez-vous ? demanda Leshi en arrivant à l'improviste.

Ils étaient si captivés par leur conversation qu'ils ne l'avaient pas entendue s'approcher. Ils se regardèrent.

— Autant lui avouer la vérité, dit Brax

— Je t'avertis, elle ne sera pas de notre côté, contra Évat.

— Pourquoi est-ce que je m'opposerais à vous ? questionna Leshi.

— Parfait, assois-toi, lui intima Évat.

Leshi prit place à côté de son amie.

— Il faut mettre Mathieu hors d'état de nous nuire, annonça Évat.

— Je vous répète qu'il n'est pas dangereux !

— Tu ne vois pas clair dans son jeu, argüa Brax. Il est venu deux fois à la clinique et il veut être mon patient.

— Rien de particulier à ça ! Son métier est difficile et ta réputation est sans failles.

— Tu vois ? trancha Évat en se tournant vers Brax. Je savais qu'elle s'entêterait à nous contredire.

Leshi se tourna vers son amie.

— Vous complotez dans mon dos ! Je ne suis pas d'accord. Vous courrez un risque inutile.

— Mais… tenta Brax.

Leshi se leva.

— Je ne veux plus en entendre parler, il est interdit de s'attaquer à lui. Votre paranoïa est ridicule.

Alors que Leshi quittait la pièce en furie, Évat et Brax se regardèrent. Peu importe l'avis de leur compagne, leur plan était déjà en marche.

Chapitre 13

Puisque Mathieu leur déplaisait tant, Leshi n'avait pas l'intention de leur apprendre qu'elle sortait avec lui pour la deuxième fois. Pour cacher son rendez-vous, elle avait prétendu avoir envie de passer la soirée seule et elle avait demandé à Évat de s'occuper de Zach.

Après avoir fait son maquillage de son mieux pour camoufler les ravages de la maladie et mis sa plus belle perruque, elle se glissa dans la cuisine en évitant de croiser Évat ou Brax. Elle lança simplement une salutation sonore avant de refermer la porte de sortie. Elle ne voulait pas qu'ils voient tout le mal qu'elle s'était donné pour bien paraitre.

Elle marcha dans le froid pour se rendre quelques maisons plus loin. Mathieu avait offert de passer la prendre, mais elle ne voulait pas que ses amis le voient par une fenêtre. Elle lui avait donc indiqué un point de rencontre un peu plus loin sur la rue. Le froid mordant lui fit remettre en cause sa décision. Elle cala sa tête dans son manteau pour se réchauffer, sans grand succès.

Enfin, quand elle arriva à destination quelques mètres plus loin, elle aperçut avec soulagement une auto en marche. Ce ne pouvait être que Mathieu. Elle tira sur la poignée et se jeta à l'intérieur. Le conducteur lui sourit et elle se pencha pour déposer un baiser sur sa joue. Son odeur lui plut et elle aurait voulu enfouir son nez dans son cou pour profiter de sa chaleur.

— Tu es gelée !

— Vive l'hiver au Québec, grommela Leshi.

Mathieu tourna le bouton pour augmenter le chauffage, puis il s'engagea sur l'avenue.

— Pourquoi voulais-tu me rejoindre à l'extérieur ? Je pouvais très bien te prendre chez toi. J'aurais pu saluer Thomas en même temps.

Leshi réfléchit à la meilleure façon de s'expliquer.

— Thomas a vécu tout un choc avec la mort de sa femme et je pense que sa mémoire en a été affectée.

— Tu crois ?

— Il ne veut pas l'avouer, mais j'en suis presque certaine.

— Il aurait donc oublié des pans de notre amitié ?

— Peut-être. Il semble mal à l'aise en ta présence.

Leshi espérait qu'elle n'en avait pas trop dit. Elle voulait que Mathieu laisse Évat tranquille pour éviter que la situation ne dégénère.

— Incroyable. Je dois lui en parler pour m'en assurer.

Le cœur de Leshi fit un bon. Au lieu de le décourager, chacune de ses paroles renforçait sa détermination à s'imposer dans la vie de son ancien ami.

— Ce n'est pas une bonne idée.

— Pourquoi ?

— Il a besoin de refaire sa vie et je crois que tu le retiens dans le passé.

Mathieu se concentra sur la route, plongé dans ses pensées. Il n'était pas dans ses habitudes de laisser un mystère planer.

— Où allons-nous ? demanda Leshi pour meubler le silence.

— Aimes-tu le poulet barbecue rôti à la broche ?

— Trop.

— Alors je t'amène au Chalet Bar-B-Q.

— Drôle de nom.

— Tu n'es jamais allée ? C'est vraiment bon.

— J'ai bien fait d'accepter ton invitation. Tu me fais découvrir de nouveaux restaurants.

Mathieu se stationna en parallèle sans problème. Leshi n'aurait pas voulu être à sa place et remerciait sa passe d'autobus.

Il lui tendit le bras quand elle sortit du véhicule. Elle le prit en souriant juste pour le sentir près d'elle.

Même si elle ne faisait que commencer, la soirée se déroulait encore mieux que la dernière fois. La conversation sur Thomas avait été pénible, mais au moins ils avaient changé de sujet. Leshi était contente d'avoir donné une seconde chance à Mathieu. Avec le temps, ils apprendraient à mieux se connaitre et la conversation deviendrait plus fluide.

Ils avaient une réservation, alors un serveur les escorta à une table sans attendre.

— Qu'est-ce que tu me recommandes ? demanda Leshi.

— Je prends toujours les deux cuisses de poulet rôti. Les frites sont super.

— Je préfère une poitrine.

Le serveur nota leur commande, qui incluait une bière en fût pour Mathieu et une coupe de vin rouge pour Leshi. Elle buvait rarement depuis la naissance de Zach, mais elle n'avait pu résister à la tentation pour cette occasion. Elle espérait que cet écart ne la ferait pas retomber dans l'alcoolisme.

— Je me suis toujours demandé comment Thomas et toi vous êtes rencontrés, commença Mathieu.

Leshi faillit s'étouffer avec sa gorgée. Que devait-elle lui dire ? Comment rendre plausible la rencontre entre une étudiante et un criminel ?

— Un ami commun nous a présentés.

— Qui ?

Elle n'avait pas prévu qu'il poursuivrait l'interrogatoire.

— Michael, lança-t-elle, faute d'une meilleure idée.

— Tu le connais depuis longtemps ?

Apparemment, il n'avait pas l'intention d'abandonner. Pendant une seconde, Leshi regretta d'avoir accepté l'invitation de Mathieu. Elle aurait probablement dû écouter ses amis.

— Je te mets mal à l'aise. Déformation professionnelle, s'excusa Mathieu en dénotant son malaise.

Leshi retrouva tout de suite son sourire en constatant que Mathieu était redevenu plus agréable. Elle voulait passer une bonne soirée en bonne compagnie. Ses amis avaient tort de se méfier de lui.

Ainsi, Mathieu s'informa de son état de santé et de son fils. Leshi s'amusait et elle sentait des sentiments grandir en elle.

Mathieu régla la facture et ils sortirent. Leurs souffles se transformaient en nuage et ils coururent jusqu'à l'auto dont l'intérieur était maintenant glacé. Mathieu s'empressa de démarrer et mit le chauffage au maximum de sa capacité. Le moteur grondait, mais l'air était encore froid. Leshi frottait ses mains dans une tentative désespérée de se réchauffer.

— Je rêve de m'envoler pour Cuba ! déclara-t-elle.

— On pourrait y aller ensemble, un jour.

Une excitation s'empara du corps de Leshi. Il avait prononcé ces mots de façon suggestive, en la regardant dans les yeux. Elle succomba à son attirance et se pencha pour l'embrasser. Elle y mit toute sa fougue et Mathieu en redemandait. Elle s'étirait sur la console pour rapprocher son corps du sien. L'habitacle se réchauffa un peu plus vite. Enfin, Leshi se détacha de Mathieu.

— Je dois rentrer.

Mathieu, encore abasourdi par cette attaque passionnée et inattendue, engagea la marche avant et quitta le stationnement. Un silence pesait sur leur fin de soirée. Leshi ne trouvait plus rien à dire et regrettait déjà son geste spontané et irréfléchi.

— Avec une telle réaction, j'imagine que tu adores les voyages ? dit finalement Mathieu dans l'espoir de dissiper leur embarras.

— Je n'en ai jamais fait. Sauf une fois, une très longue distance.

— Ah oui ? Où ?

Leshi ignora la question. Elle n'avait pas envie de mentir et elle n'allait certainement pas avouer qu'elle venait d'un autre système solaire.

— Je peux te déposer devant chez toi ? Il fait si froid et je serais inquiet de te voir marcher seule dans la nuit.

Leshi hésita. Elle regarda l'heure affichée sur le tableau de bord. Elle s'imagina que ses amis devaient être dans leur chambre, sur le point de se mettre au lit, alors ils ne l'apercevraient surement pas, à moins d'une malchance inouïe. En plus, il n'y avait aucune chance qu'ils reconnaissent Mathieu de si loin, de nuit.

— D'accord. Mais tu restes dans le véhicule, accepta-t-elle.

— D'accord. Mais j'attends devant la maison tant que tu n'es pas rentrée.

Leshi sourit. Malgré elle, elle tombait sous le charme de Mathieu.

Une fois arrivée devant chez elle, Leshi se tourna pour réclamer un baiser en tendant ses lèvres vers le visage de Mathieu. Il y déposa un léger bisou avant de lui souhaiter bonne nuit. Leshi sortit du véhicule. Malgré le froid qui la happa, elle se sentait sur un petit nuage. Enfin ! Elle avait trouvé un homme qui s'intéressait sincèrement à elle.

Alors qu'elle refermait la porte d'entrée derrière elle, elle ne remarqua pas le rideau qui s'agitait au deuxième étage. Quelqu'un avait vu Mathieu qui s'en allait.

* * *

— La chipie !

Évat avait passé la soirée à s'occuper de Zach alors même que sa meilleure amie se sauvait au bras de leur pire ennemi. Folle de rage, elle descendit à la rencontre de Leshi, qui souriait encore de sa sortie en tête-à-tête avec l'enquêteur.

Avec peine, elle maitrisa sa voix pour ne pas réveiller les dormeurs de la maison.

— Comment oses-tu ?

Les yeux de Leshi s'agrandirent et son sourire s'évanouit.

— Qu'as-tu vu ?

— La voiture de Mathieu, stationnée juste devant la maison !

— Tu as reconnu son auto ?

— Certainement. Quand on se fait pourchasser par un enquêteur, on a intérêt à en savoir le plus possible sur lui pour garder une longueur d'avance.

Leshi prit le temps d'enlever ses bottes et son manteau. Son cerveau tournait à toute vitesse.

— Que veux-tu savoir ?

— Je ne comprends pas pourquoi tu t'obstines à t'intéresser à lui. Tu pourrais littéralement choisir n'importe qui d'autre ! Il y a tellement de célibataires dans cette ville.

— Tu es complètement paranoïaque. Mathieu ne sait rien de nous. Comment un humain pourrait-il seulement se douter que nous venons d'une autre planète ? C'est inconcevable pour eux.

— Peu importe ce qu'il pense, il peut détruire nos vies. Je ne veux pas qu'il tourne autour de nous.

— Je ne suis pas d'accord.

— Tu ne vois pas qu'il t'utilise !

Évat avait monté la voix.

— Tu dépasses les bornes, gronda Leshi. Tes insinuations sont insultantes. Comme s'il ne pouvait pas réellement s'intéresser à moi. Tu me trouves trop insignifiante pour lui ?

— Ne me fais pas dire des choses que je ne pense pas. Il n'est tout simplement pas le bon homme pour toi.

— Tu disais la même chose pour Brax.

Évat leva les bras au plafond.

— Et tu vois bien que j'avais raison !

— Pfff.

Leshi se dirigea vers sa chambre et son amie la suivit sur les talons.

— Il faut que tu entendes raison.

— Cette conversation est terminée. Bonne nuit.

Elle referma la porte de sa chambre au nez d'Évat. Celle-ci décida de lui laisser la nuit pour réfléchir, mais elle n'allait certainement pas lui permettre de poursuivre cette idylle condamnée d'avance.

***

Le lendemain matin, ignorant tout de la sortie de Leshi, Brax sortit pour aller travailler, mais avant il avait prévu faire un détour. Il se rendit chez lui dans l'intention de récupérer son ordinateur personnel dans son bureau à l'étage. Il se sentit bizarre de frapper à la porte de sa propre maison, mais il ne voulait pas entrer sans l'autorisation de Kimberley. Son comportement devait être irréprochable pour garder espoir de sauver son couple.

Il entendit les pas de sa femme qui s'approchait. Quand elle ouvrit la porte, il la trouva délicieuse dans ses vêtements de travail.

— C'est toi.

— Bonjour.

— Que veux-tu ?

— J'aimerais donner un câlin à Léa-Rose. Je peux entrer cinq minutes ?

Elle fit un pas de côté pour lui laisser le champ libre.

— Pas une seconde de plus, sinon je serai en retard.

Il enleva ses bottes sur le tapis et garda son manteau.

— Papa !

Son ange se jeta sur lui et il sourit. Il se baissa à son niveau pour lui parler.

— Quoi de neuf, ma coquine ?

— Fais dessin.

Elle partit en courant maladroitement sur ses petites jambes pour récupérer son œuvre dans la cuisine. Brax se tourna vers Kimberley.

— J'ai besoin de mon ordinateur. Je monte le chercher.

— Très bien, répondit-elle, les bras croisés.

Brax prit le temps de féliciter Léa-Rose pour son dessin avant de monter l'escalier pour se rendre dans son bureau. Il appréciait toujours la décoration luxueuse choisie par Michael. Vu l'accueil froid que lui avait réservé Kimberley, il doutait d'y retravailler un jour.

Il débrancha l'ordinateur et l'écran. Il coucha la tour sur son bureau, puis mit l'écran et les fils en équilibre dessus. Il souleva le tout en espérant ne rien laisser tomber.

Il jeta un ultime regard circulaire sur la pièce avant de partir.

Une fois au rez-de-chaussée, il posa temporairement ses biens pour donner un dernier baiser à sa fille qui se cramponna à lui alors qu'il enfilait ses bottes.

— Je reviens te voir bientôt, dit-il pour la rassurer.

— Oublie pas Léa, papa.

Le cœur lourd, il reprit son matériel et Kimberley lui ouvrit la porte pour faciliter son départ.

Chapitre 14

Évat était plus occupée que jamais. Entre le studio, les entrevues pour les médias, les textes à apprendre et sa chaine YouTube, il ne lui restait pas une seconde de libre pour régler son problème avec Mathieu qui la pourchassait. Et pourtant, une intervention était inexorable.

Le soir précédent, alors que Leshi était sortie, Évat avait convenu avec Brax qu'ils obligeraient Leshi à les aider à poser un piège à Mathieu. Le plan était simple : Leshi devait l'inviter à souper avec eux et Brax glisserait un peu de Xyrem dans son breuvage. Une fois inconscient, ils l'enfermeraient dans une chambre au sous-sol, celle qui avait seulement une petite fenêtre donnant sous le patio. Brax avait l'intention de se procurer assez de drogue pour le maintenir tranquille durant environ une semaine, au moins le temps de programmer la micropuce. Sauf qu'il n'avait pas encore décidé qui importer de Gallagia. Évat avait beau se creuser les méninges, rien ne lui venait à l'esprit.

Donc, Évat devait se réconcilier avec Leshi. Leur dispute au sujet de sa sortie ne devait pas l'influencer négativement. Ainsi, elle avait commandé des mets chinois au restaurant pour aider à faire grimper le niveau de bonne humeur de son amie. Comme c'était toujours elle qui cuisinait, elle serait soulagée de ne pas avoir à le faire pour cette fois-ci.

Évat mit la nappe et, lorsque la sonnette de l'entrée retentit, tous les habitants se regroupèrent dans la salle à manger pendant qu'Évat payait le livreur. Elle apporta les sacs et disposa les nombreux paquets chauds au centre de la table pour que chaque convive puisse se servir.

Tous réunis ainsi, ils formaient une famille particulière. Évat était installée au bout de la table, alors que la chaise haute de Zach était placée à l'autre. Leshi mangeait à côté de son fils et Brax était assis de biais avec elle afin que leur regard se croise le moins souvent possible.

Évat attendit que Leshi se soit servie avant d'aborder le sujet de première importance.

— Je suis heureuse de nous voir ainsi, capable de cohabiter harmonieusement. Qui aurait pu imaginer un tel tableau il y a seulement quelques mois ?

Leshi continuait à manger sans commenter.

— Pas moi, en tout cas, renchérit Brax. Mais ça fait chaud au cœur de voir qu'on peut s'entretenir entre nous.

— Il faut bien se serrer les coudes, insista Évat.

Les extraterrestres mangèrent en silence pendant un moment avant que Brax reprenne la parole en s'adressant à Leshi.

— Évat m'a dit que tu fréquentais Mathieu ?

— Et alors ? répondit Leshi en levant à peine les yeux de son assiette.

— Sois raisonnable. Il est enquêteur. Qui sait ce qu'il pourrait découvrir sur nous ? Il a peut-être mis un microphone dans ton sac à main hier.

— Tu es jaloux ? Crois-tu qu'aucun autre homme ne pourrait s'intéresser à moi ?

— Ce n'est pas la question ! se défendit-il.

— Leshi, fais-nous confiance, cet homme peut nous causer de gros ennuis. Il faut s'en débarrasser.

— De façon permanente, insista Brax.

Leshi affronta ses amis du regard. Évat se décida à lui parler de son idée.

— J'ai proposé à Brax d'insérer dans son corps un Gallagian.

— Vous allez trop loin. Arrêtez de toujours mettre en doute mon jugement !

Elle se leva et souleva Zach.

— Si c'est comme ça, autant quitter cette maison.

— Voyons, ce n'est pas nécessaire ! Pense à Zach. Où iras-tu ?

Leshi ne prit pas la peine de leur répondre et monta à sa chambre pour boucler sa valise.

— Je savais que nous ne pourrions pas lui faire entendre raison, soupira Brax.

— Arrête d'être négatif tout le temps. C'est insupportable, se fâcha Évat. Il nous faut des solutions, pas des lamentations.

— D'accord, des idées ?

Les deux collaborateurs réfléchissaient encore lorsque Leshi descendit en courant, une valise à la main et Zach entre les bras.

— Ne pars pas ! supplia Évat alors que son amie mettait son manteau, Zach déposé à ses pieds.

— Je ne peux plus vivre avec des gens qui me manquent de respect.

Elle habilla son fils et saisit sa sacoche avant de sortir dans la nuit.

— Elle a toujours été colérique, commenta Brax.

— Je le sais bien ! Je la connais depuis plus longtemps que toi.

— Il ne faut pas se disputer, nous sommes du même côté.

Évat respira profondément pour tenter de se calmer.

— Normalement, elle se fâche vite, mais elle revient tout aussi vite comme si rien ne s'était passé.

— Nous verrons bien.

Ils rangèrent les restants avant d'aller chacun finir la soirée dans leur chambre respective.

* * *

Seule dans la nuit, ses pas étaient éclairés par les quelques lampadaires. Les larmes lui gelant au coin des yeux, Leshi ne savait pas où aller. Elle était partie de chez elle sur un coup de tête, sans réfléchir. Avec sa maigre prestation de congé parental, elle ne pourrait se permettre de dormir à l'hôtel très longtemps.

Elle ne pouvait pas rester à geler sur le trottoir, surtout avec Zach entre les bras. Elle se rendit donc à l'arrêt d'autobus le plus près, espérant qu'un véhicule passerait bientôt et qu'ils pourraient se réchauffer à l'intérieur pendant qu'elle réfléchissait.

Ses pas la menèrent à un abri vitré et elle s'assit sur le banc pour poser Zach sur ses genoux et ainsi se reposer les bras. Son fils avait grandi et il était encore plus lourd dans son habit de neige. Le seul point positif à son aventure était que Zach était sage. Pour le moment.

Des images de la conversation du souper refaisaient surface dans sa mémoire. Leshi analysait la situation et se demandait pourquoi elle en était rendue à même fuir ses amis et sa maison. Une simple mésentente qui avait vraiment mal tourné.

Soudain, elle eut une idée. Si elle devait quitter son toit pour défendre Mathieu, peut-être que celui-ci pourrait l'aider. Pourtant, elle doutait.

Mathieu et elle n'étaient sortis ensemble qu'à deux reprises. Leur relation était loin d'être sérieuse. Pourtant, elle ne pouvait s'enlever de la tête qu'il lui devait bien ce service.

Les doigts gelés, elle se pencha avec précaution pour maintenir Zach en équilibre sur ses cuisses et atteindre son téléphone cellulaire.

Elle trouva le numéro de Mathieu dans ses contacts et appuya dessus. Un autobus s'arrêtait devant elle en même temps que la sonnerie résonnait dans le hautparleur. Elle hésita un instant. Si Mathieu acceptait de venir la chercher, elle aurait tout intérêt à l'attendre ici, mais s'il ne répondait pas ou refusait, elle serait au moins à l'abri dans l'autobus. Le prochain pourrait tarder et Zach souffrirait du froid.

Elle entendit un déclic et fit signe au conducteur de repartir sans elle.

— Allo ?

— C'est moi.

— Marie-Michelle ? Ça va ?

— Non, fit-elle, un sanglot dans la voix.

— Est-ce que je peux t'aider ?

— Je l'espère. Est-ce que tu pourrais venir me chercher ?

Un silence se fit au bout de la ligne.

— Pourquoi ?

— Tu peux ou non ?

— Où es-tu ?

Leshi lui donna les informations nécessaires pour la localiser.

— Je serai là dans une dizaine de minutes.

Ils raccrochèrent. Leshi rangea son téléphone alors que Zach commençait à pleurnicher. Elle avait apporté des couches et quelques biberons, mais elle ne pourrait pas prolonger son escapade trop longtemps sans retourner s'en procurer. Elle se leva pour marcher en espérant calmer son fils et se réchauffer un peu en même temps. Le temps lui semblait s'écouler au ralenti alors que les cris de Zach s'amplifiaient. Elle se sentait honteuse et coupable de lui imposer cet inconfort et ce stress. Elle avait été irresponsable de s'enfuir avec lui en plein cœur de l'hiver, elle avait des devoirs en tant que mère.

Alors qu'elle berçait son fils en chantonnant ses berceuses préférées à son oreille, elle sentait la sueur lui couler dans le dos. Endurer les pleurs de Zach en sachant qu'elle en était à l'origine lui semblait intolérable. En plus, elle se sentait impuissante à le réconforter. Enfin, elle reconnut la voiture de Mathieu qui s'arrêta à sa hauteur.

Il activa ses feux de détresse et descendit pour porter main forte à Leshi. Il prit le sac pendant que Leshi se dirigeait vers le véhicule en marche.

— As-tu un siège d'auto pour le petit ? s'informa Mathieu.

Il n'y en avait aucun en vue. Leshi n'avait pas pu le transporter, de toute façon elle n'y avait même pas pensé dans son énervement. « Je suis vraiment une mère indigne. »

* * *

L'appel de Leshi avait complètement déstabilisé Mathieu et maintenant qu'il l'avait rejointe, il se posait encore plus de questions. Que pouvait-elle bien faire avec son fils dans le froid mordant de cette nuit d'octobre ?

Voyant ses yeux hagards, Mathieu lui indiqua de monter à l'arrière et de bien tenir le bébé sur ses genoux. Il se sentait mal de ne pas respecter la loi, d'autant plus qu'il se faisait un devoir de maintenir un comportement exemplaire vu son métier dans les forces de l'ordre, mais il ne pouvait laisser son amie dans la rue avec un si jeune enfant. Ce serait encore plus irresponsable.

Il lui ouvrit la porte, puis l'aida à s'installer. Leshi paraissait en état de choc, son enfant hurlait. Mathieu referma la porte et les décibels diminuèrent. Il profita de ces quelques secondes de répit, le temps de traverser pour rejoindre le siège du conducteur. Alors qu'il s'engageait de nouveau sur l'avenue pour rentrer chez lui, le bruit l'incommodait fortement et le déconcentrait.

Dans le rétroviseur, il voyait bien que la mère faisait tout son possible pour calmer l'enfant. Au bout de cinq longues minutes, les pleurs s'espacèrent, le petit ferma les yeux et s'endormit.

— Je pense qu'il avait peur dans le froid et dans le noir de la nuit.

Elle se mit à sangloter doucement.

— Nous arrivons bientôt chez moi. Tu es épuisée par toutes ces émotions. Nous parlerons de tout ça demain.

En jetant des coups d'œil furtifs dans le rétroviseur, Mathieu remarqua un léger hochement de tête. À son air, il estima qu'elle devait être épuisée.

Son appartement était trop petit pour accueillir deux personnes. Il allait devoir prendre le divan-lit. Était-il sécuritaire pour l'enfant de dormir avec sa mère dans son lit à deux places ? Mathieu avait peu de connaissances sur les bébés et n'avait jamais eu d'intérêt envers ces humains miniatures.

Il se stationna devant chez lui et il soutint son amie jusqu'à son appartement. Il déverrouilla et poussa la porte pour la laisser entrer. Il déposa son sac sur le sol de la cuisine.

— Je dois mettre les biberons au réfrigérateur, dit-elle.

Mathieu se baissa pour dézippa le sac et y trouva dix bouteilles de lait maternisé. Il ouvrit le réfrigérateur qui était presque vide et plaça les contenants côte à côte sur une tablette pendant qu'elle peinait simplement à se tenir debout.

— Viens.

Mathieu l'entraina vers sa chambre. Il vivait dans un deux et demi et il n'avait pas d'autre pièce à lui offrir.

— Tu dormiras ici ce soir.

Elle était si fatiguée qu'elle n'argumenta pas. Elle enleva le manteau de son fils, puis le sien, et ils s'installèrent sous les couvertures. Leshi ne prit même pas le temps de revêtir son pyjama. Peut-être n'en avait-il même pas dans le maigre bagage.

Mathieu déposa son sac à côté du lit, leur souhaita bonne nuit et éteignit la lumière de la chambre. Il laissa la porte entrouverte au cas où son amie aurait besoin de lui, puis il se rendit dans son salon pour ouvrir le divan-lit. Il trouva une couverture dans l'armoire et plia une serviette pour s'en faire un oreiller de fortune. En soupirant, il s'installa le plus confortablement possible pour passer la nuit.

* * *

Brax n'était pas surpris de la réaction excessive de Leshi. Elle avait toujours eu un tempérament explosif et il en avait souvent fait les frais. D'expérience, il savait également que sa colère se consumait aussi vite qu'une branche d'épinette sèche. Il pariait qu'elle serait de retour en moins de vingt-quatre heures.

Pour le moment, il avait deux préoccupations plus urgentes : programmer la micropuce pour exterminer Mathieu, puis renouer avec Kimberley pour réunir sa famille et retrouver sa vie idéale.

Le hasard avait bien fait les choses. Vivre avec Évat faciliterait l'enlèvement et la détention de Mathieu tout en lui évitant de mentir à Kimberley. Cette dernière ne se doutait ni de ses activités, ni de sa présence chez Leshi. Elle lui en aurait voulu encore plus d'avoir osé se réfugier chez elle.

Dès que l'enquêteur serait neutralisé, il avait la ferme intention de tout faire pour reconquérir sa femme. « Un problème à la fois », pensa-t-il.

Comme son code était complexe, il se mit au travail. Il avait trois bonnes heures devant lui avant d'aller au lit.

Il installa son écran, son clavier et sa souris sur une table qu'Évat avait dénichée au grenier et connecta le tout à son ordinateur placé au sol. Il lança le système pour ouvrir son fichier d'origine et en faire une copie à modifier. Il fit craquer ses jointures.

— C'est parti, dit-il en posant ses doigts sur les touches.

✳ ✳ ✳

Évat essayait de mémoriser ses répliques du lendemain, mais elle n'y arrivait pas. Le départ de sa meilleure amie l'avait durement ébranlée et la maison lui semblait étrangement silencieuse sans la présence de Zach. Elle se surprit à tendre l'oreille à plusieurs reprises, cherchant à repérer un son quelconque. Ses préoccupations ruinaient sa concentration.

Elle ne pouvait pas se permettre d'arriver mal préparée sur le plateau. Une nouvelle actrice avait fait son entrée dans le studio et, vu la réponse positive du public, les rumeurs laissaient entendre que les scénaristes pourraient donner plus de temps à l'écran à son personnage.

Ce changement n'était pas de bon augure pour elle. Un nouveau personnage pouvait dire qu'elle-même aurait moins de place dans la télésérie. Surtout si sa performance déclinait. Évat ne voulait pas perdre les privilèges associés à son emploi.

« Quel gâchis ! Tout est de la faute de Leshi ! »

Évat rejetait sans gêne le blâme sur les actions posées par son amie. Malgré tout, elle baissa la tête et se mit à mémoriser les mots pour le lendemain.

Chapitre 15

Les couinements du bébé réveillèrent Leshi. Les yeux collés par le mascara, elle le prit dans ses bras.

— Viens, mon ange, on va changer ta couche.

Elle repéra son sac sur le sol. Elle se mit à genoux et posa Zach sur le dos sur le linoléum qui avait connu de meilleurs jours. Il protesta.

— Je sais que ce n'est pas confortable, mais je me dépêche.

Elle sortit une couche de son sac, défit les boutons pression de son pyjama et sa grenouillère, puis interchangea les deux couches.

— Voilà ! Tu es tout propre.

Elle le reprit et se releva. « J'espère que Mathieu est un lève-tôt, » s'inquiéta-t-elle en voyant sur sa montre que six heures n'avaient pas encore sonnées.

— Allez, mon beau coco, c'est l'heure de déjeuner.

Elle sortit de la chambre et marcha doucement vers la cuisine, ne voulant pas faire de bruit. Elle se sentait soudain mal à l'aise d'être venue se réfugier chez un homme qu'elle ne connaissait pas tellement. Elle avait beau le défendre devant Évat, elle se rendait maintenant compte qu'il était pratiquement un inconnu.

Leshi remarqua tout de suite que Mathieu était déjà debout.

Du café s'écoulait de la cafetière et il consultait son téléphone en mangeant une rôtie de pain brun. Il leva les yeux en l'entendant arriver.

— Bon matin ! Veux-tu un café ?

— Je donne le biberon d'abord, sinon j'aurai une crise dans moins de soixante secondes.

Elle ouvrit le réfrigérateur et le trouva dégarni. Elle qui aimait cuisiner, elle allait devoir passer à l'épicerie si elle s'attardait plus d'une journée. Cette réflexion lui fit peur. Elle s'était mise en colère et maintenant, elle devait vivre avec les conséquences de son impulsivité.

Elle prit le biberon et le fit chauffer au microonde. Zach s'agitait, prêt à manger. Leshi se sentait mal à l'aise et cherchait quoi dire à Mathieu pour être agréable. C'était le moins qu'elle pouvait faire après le service qu'il venait de lui rendre.

— Merci, pour hier.

— Que s'est-il passé ?

Leshi récupéra le biberon, testa la chaleur sur son poignet comme d'habitude, puis l'inséra entre les lèvres impatientes. Elle prit place sur la seule chaise libre devant Mathieu. En regardant autour d'elle, elle vit un appartement démodé et dénudé. Il y avait une télévision, un divan-lit et une table ronde de bois avec deux chaises.

— Une simple dispute avec Thomas.

— À quel sujet ?

Leshi se renfrogna. Connaissant Mathieu, elle sentait qu'une pluie de questions s'abattrait sur elle et elle ne voulait pas s'empêtrer dans les détails.

— Il pense que je ne devrais pas te fréquenter.

Il fronça les sourcils.

— Pourquoi Thomas te recommanderait-il de ne plus me

voir ? Il est mon ami.

Il se leva pour se servir une tasse de café et en remplit une pour Leshi aussi. Il la déposa devant elle et elle le remercia. Il reprit sa place à la table avant de prendre une gorgée du liquide noir.

— Il ne m'a pas donné de raison. Il pense que tu n'es pas le bon homme pour moi.

— Je suis surpris. Quoique, je le trouve bizarre depuis son séjour à l'institut psychiatrique.

— Un épisode psychotique laisse souvent des traces indélébiles.

— Jusqu'à modifier la personnalité d'un individu ? J'en doute.

L'insistance de Mathieu sema le doute dans l'esprit de Leshi. Elle repensa à la méfiance verbalisée par Évat et Brax. Et s'ils avaient raison ? Mathieu semblait vouloir mettre au jour le secret de Thomas… et il découvrirait le sien, par la même occasion. Un long frisson lui remonta l'échine. Elle ne pouvait prendre ce risque. D'un coup, elle venait de comprendre le danger que représentait cet homme pour leur existence et elle eut envie de fuir.

Que leur arriverait-il si les autorités découvraient leur présence sur le sol humain ? Son imagination s'emballa. Ils les enfermeraient, les tortureraient pour tout savoir de leur planète, les dissèqueraient pour analyser leur corps. Et Zach ? Qui s'occuperait de lui ? À moins qu'ils ne s'en débarrassent aussi ?

Elle devait garder son calme. Brax et Évat comptaient sur elle et une occasion en or se présentait. Il était temps de passer à l'offensive et d'attirer la proie dans le piège. Elle se força à lui sourire.

— Tu sais quoi ? Pourquoi ne pas venir souper chez moi ce

soir ? Tu pourrais en profiter pour remettre les pendules à l'heure.

— Je préfère que tu vérifies auprès de Thomas avant. Si tu crois qu'il ne veut plus me voir, autant ne pas l'importuner.

Leshi ne s'attendait pas à ce qu'il décline une opportunité de se rapprocher de Thomas. Elle cherchait un argument à lui servir, mais il ne lui en venait aucun.

— Et votre dispute ? continua Mathieu.

— Je suis certaine que tout rentrera dans l'ordre, le rassura Leshi en profitant de cette ouverture. Je vais l'appeler pour tout expliquer et dissiper ce malentendu.

— Alors, c'est d'accord.

Il termina son déjeuner et plaça son assiette et sa tasse dans l'évier.

— J'ai le câble si tu veux rester ici aujourd'hui. Tu devras commander à manger par contre, je n'ai rien dans le réfrigérateur.

— J'ai remarqué. Ne t'en fais pas pour moi.

Mathieu déposa un bisou sur sa joue avant de partir travailler.

* * *

Une fois le biberon de Zach avalé, Leshi retourna dans la chambre de Mathieu pour faire le lit et ranger ses affaires dans son sac. Elle dut s'assoir un peu pour reprendre son souffle. Ses traitements de chimiothérapie l'avaient grandement affaiblie. Heureusement, Zach s'amusait sur le lit sans protester. Couché sur le dos, il agitait ses pieds devant ses yeux.

— On rentre chez nous, lui annonça-t-elle.

Il répliqua en gazouillant.

Elle s'assura que tout était en ordre dans la chambre avant de faire de même dans la cuisine. Satisfaite, elle habilla Zach, mit son manteau et sortit à son tour. Elle n'avait pas la clé, alors elle ne put verrouiller la porte derrière elle en quittant l'appartement.

— Tant pis.

Elle parcourut le corridor sombre et descendit au rez-de-chaussée. Soulagée, elle sortit de l'immeuble résidentiel. Garder son sang-froid en présence de Mathieu avait été pénible.

Elle s'engagea sur le trottoir en enfouissant le visage délicat de son fils dans son cou pour le protéger un peu du vent. Elle arriva juste au bon moment à l'arrêt d'autobus et put tout de suite s'y engouffrer pour rentrer chez elle.

— Évat doit encore être à la maison, je vais l'appeler pour lui apprendre la bonne nouvelle. Qu'en penses-tu, petit coquin ?

Zach sourit. Leshi se félicitait d'avoir mis au monde un garçon aussi facile à vivre. Elle le cala sur ses genoux et prit son téléphone. Elle appuya sur une touche et le numéro d'Évat se composa automatiquement. Après deux sonneries, elle entendit la voix soulagée de son amie.

— Leshi ?

— Allo ! Ça me brule la gorge de l'admettre, mais tu avais raison.

— Ah oui ?

— J'ai passé la nuit chez Mathieu.

Évat marmonna. Leshi devina que son amie ne commentait pas pour éviter de raviver sa colère.

— Je déteste l'admettre, mais vous aviez raison.

Leshi fit la grimace en prononçant ces paroles.

— Il est déterminé à tout connaitre sur toi. Et je ne peux pas prendre ce risque, même si je l'apprécie.

— Alors ? On fait quoi ?

— Mathieu vient souper ce soir.

— Si vite ? paniqua Évat. Je ne sais pas si nous sommes prêts.

— Avise Brax que nous passons à l'attaque.

— Il est déjà parti au travail et je sors moi aussi de ce pas.

— Je vais lui envoyer un texto alors, l'avisa Leshi. Je devrais rentrer dans une dizaine de minutes.

— D'accord.

Il y eut une pause, les deux amies anticipant la soirée dangereuse qu'elles s'apprêtaient à vivre.

— Leshi ?

— Oui ?

— Merci, conclut simplement Évat avant de raccrocher.

* * *

Durant les quelques minutes de pause qu'il s'accordait pour manger un burrito entre deux patients, Brax consulta ses messages et lut celui de Leshi. Incrédule, il dut le relire deux fois pour s'assurer qu'il avait bien compris. Quand il réalisa la portée des mots de son ex-femme, il souleva un poing triomphant. Ils allaient enfin pouvoir passer à l'action.

Il n'avait pas tout à fait terminé la programmation de la micropuce et il ne savait toujours pas qui importer de Gallagia, mais il était essentiel de se procurer la drogue dès aujourd'hui. Il en aurait besoin pour maitriser Mathieu.

Il commettait une faute professionnelle en rédigeant une fausse prescription, mais c'était pour une bonne cause. Il ne pouvait pas se prescrire un médicament et il n'avait pas le temps de rejoindre Évat ou Leshi avant ce soir pour qu'une d'entre elles passe à la pharmacie. Comment y arriver ? Il s'arrêta, une bouchée encore dans la bouche, concentré.

« Je pourrais faire une prescription pour Kimberley et dire au pharmacien que je passe pour elle. Pourvu qu'il ne remarque pas que son mari et son psychothérapeute portent le même nom. »

Il marqua le bout de papier d'une signature illisible, ce qui n'allait surement pas attirer la suspicion du pharmacien. Fier de lui, il finit son burrito, s'essuya les lèvres et les doigts avec la serviette, puis ouvrit le dossier du prochain client.

* * *

Une fois son plan établi, Leshi se sentit renaitre, à nouveau remplie d'énergie.

Après avoir envoyé le message à Brax dans l'autobus, elle avait dressé une liste des tâches à accomplir avant la venue de Mathieu. Car même si elle s'apprêtait à causer sa perte, une partie d'elle voulait encore l'impressionner.

Une fois chez elle, elle fut soulagée de voir Danielle dans la cuisine, déjà occupée à récurer la vaisselle de la veille.

— Mon beau Zach est de retour ! s'exclama-t-elle en les entendant arriver.

— Bonjour Danielle.

— Je finis de nettoyer cette casserole et je m'occupe de lui. Il a eu son premier biberon de la journée ?

— Oui. Je cours lui donner un bain et ensuite ce sera à mon tour de me laver. J'ai des commissions à faire.

— Nous serons très bien ensemble, n'est-ce pas, Zach ?

Leshi sourit. Elle appréciait tout le travail que Danielle réalisait pour eux. Encore plus important, Zach l'adorait. Leshi avait lu que les marques d'amour étaient essentielles au bon développement des bébés humains.

— Tu peux le tenir une minute pendant que je range ses biberons au réfrigérateur ?

Danielle tendit les bras pour prendre Zach et embrassa le bébé dans le cou.

— Merci, dit Leshi en le reprenant. C'est l'heure de se laver, mon coquin !

Leshi se dirigea vers la salle de bain du rez-de-chaussée. Elle installa le siège antidérapant et fit couler de l'eau tiède. Zach avait toujours hâte de patauger.

Elle le déshabilla, puis le glissa dans le siège.

— Tu es un vrai petit poisson !

Elle le lava avec un savon doux alors qu'il barbotait dans l'eau.

— Tu sentiras très bon.

Elle sortit le bébé et le sécha avec une serviette de coton.

— Il ne reste plus qu'à t'habiller avant d'aller t'amuser avec Danielle.

Leshi le monta à l'étage pour aller dans sa chambre. En fouillant dans le tiroir, elle mit la main sur une grenouillère noire et un pyjama à rayures. Elle aimait lui faire porter des vêtements griffés et elle pouvait se le permettre grâce à la générosité d'Évat.

— Tu es le plus mignon des petits garçons !

Elle redescendit à la cuisine pour trouver Danielle qui donnait un dernier coup de torchon sur l'ilot. Elle accrocha la serviette et leva les bras vers Zach.

— Viens par ici, toi !

Elle lui donna un bisou sonore sur la joue.

— Je vais me laver, réitéra Leshi en quittant la pièce.

Sous la douche, ses pensées commençaient à se bousculer. Elle avait encore agi sous le coup de l'émotion en décidant de se rallier à ses amis pour éliminer Mathieu. Elle avait peut-être mal interprété ses paroles. Après tout, il ne pouvait pas être si menaçant pour eux. Il lui avait même sauvé la vie et elle s'apprêtait à lui prendre la sienne. Les remords l'envahirent et formèrent un nœud dans sa gorge. « Ai-je commis une terrible erreur ? »

D'un autre côté, si un enquêteur aussi talentueux que Mathieu se penchait sur le cas d'Évat, ce n'était qu'une question de temps avant qu'il découvre la vérité, peu importe qu'elle soit inimaginable pour un humain. « Ma vie contre la sienne. »

Leshi se demanda si son existence valait mieux que celle de Mathieu, alors même que son corps se désintégrait sous l'attaque de cellules cancéreuses.

Elle secoua la tête sous le jet d'eau pour essayer de chasser ses doutes.

* * *

L'appel de Leshi avait complètement déstabilisé Évat et elle n'arrivait pas à se concentrer sur le plateau de tournage. Elle perdait le fil des conversations et se retrouvait égarée dans ses pensées, mais elle aurait plutôt dû lancer des répliques cinglantes et s'activer pour résoudre un meurtre sanglant.

Le souper avec Mathieu la rendait nerveuse et elle analysait les issues possibles, voulant anticiper chaque erreur pour les éviter.

— Coupez !

Le réalisateur s'approcha d'Évat, qui baissa les yeux, honteuse de retarder le travail de tous avec son inattention. Il l'entraina à l'écart alors que les autres membres de la production s'allouaient une pause bien méritée.

— Thomas, tu es distrait. Est-ce que je peux faire quelque chose pour toi ?

Évat ne pouvait évidemment pas se confier. L'objectif était de garder le secret, pas de le divulguer.

— Je me sens peut-être un peu fatiguée.

— Tu manges bien ? Tu prends des vitamines ?

Évat soupira. Elle n'avait plus envie de jouer la comédie, mais elle n'avait pas le choix.

— Je pourrais manger plus régulièrement, en effet.

— Tu dois prendre soin de toi pour résister à la pression de ce métier.

— Tu as raison.

Le réalisateur rappela tout le monde sur le plateau et ordonna la reprise du tournage. Évat se concentra le plus possible pour améliorer sa performance et terminer sa journée sans trop décevoir ses collègues.

Chapitre 16

Brax fit un arrêt à la pharmacie après sa journée de travail. Sa main tremblait en remettant la prescription à la jeune technicienne au comptoir. Il savait qu'il ne respectait pas le code déontologique de son ordre et qu'il risquait d'être radié. Il ne voulait pas imaginer ce qu'il ferait pour gagner sa vie sans sa licence en règle. Retourner sur les bancs d'école comme Leshi ? Il n'en était pas question.

Il voyait Évat jouer la comédie au petit écran et il essaya de s'inspirer d'elle alors qu'il attendait la prescription frauduleuse.

Il espéra que la technicienne ne remarquerait pas la sueur sur son front. Elle le regarda à peine, se contentant de taper les informations sur le clavier de l'ordinateur.

— Est-ce que votre femme a déjà pris ce médicament ? Ce n'est pas inscrit à son dossier.

— Non, c'est nouveau.

Elle continuait à activer ses mains sur les touches.

— Nous préparons votre commande et vous pouvez patienter là-bas.

Brax se déplaça pour laisser sa place à la prochaine cliente. Il ne savait pas comment se comporter en attendant. Peu importe ce qu'il faisait, il se trouvait un air coupable et louche. Il évitait les regards et jetait sans cesse des coups d'œil nerveux à sa montre.

Enfin, il entendit le nom de sa femme au comptoir et s'approcha pour régler son achat.

D'un pas décidé, il sortit de la pharmacie.

* * *

Aussitôt qu'Évat mit les pieds dans la maison, elle chercha Leshi et la trouva dans la cuisine.

— Tu n'as pas changé d'idée, j'espère, s'assura-t-elle sans même la saluer.

— Pourquoi crois-tu que je cuisine tout ça ?

— Je compte sur toi. Où est Danielle ?

— À l'étage avec Zach.

— Je vais lui dire qu'elle peut partir.

— Inutile. Je l'ai déjà avisée qu'elle pouvait s'en aller plus tôt.

— Génial. Je vais la saluer, puis prendre une douche.

— Pour enlever l'épais maquillage, je sais.

Leshi continua la préparation de la salade.

— Dépêche-toi et viens mettre la table après, ajouta-t-elle en haussant la voix pour qu'Évat puisse l'entendre alors qu'elle montait l'escalier.

* * *

Danielle était partie, la table mise et la chambre du prisonnier préparée. La fébrilité était palpable dans la maison, alors que

Brax, Évat et Leshi finalisaient les derniers détails de la soirée.

— Je vais mettre du Xyrem dans sa coupe. Leshi, tu t'assures de lui tendre la bonne.

— Compris.

Il mesura le liquide en utilisant une seringue fournie avec la bouteille brune, éjecta le tout dans la coupe de vin rouge et mélangea avec une cuillère.

— On lui donne à quel moment ?

— Je pense qu'on peut lui offrir dès son arrivée pour laisser le temps à la drogue d'agir. J'ai estimé la quantité avec son âge et son poids, mais il ne faut surtout pas risquer la surdose. En le lui administrant tôt, je pourrai augmenter la dose si jamais il ne réagit pas assez.

Pour plus de sécurité, Brax plaça à la base de la coupe un marqueur en silicone rouge. Il en ajouta aux autres pour mieux dissimuler son astuce.

— Êtes-vous vraiment certains ? demanda Leshi pour la quatrième fois.

Évat roula des yeux.

— Oui ! Arrête de douter.

— Peut-être que tu douterais toi aussi s'il t'avait sauvé la vie.

— Le souper sera prêt à temps ? s'inquiéta Brax.

— Évidemment. Je suis pro dans la nourriture humaine.

Brax se mit à marcher pour évacuer son stress.

— Ça va trop vite. Nous ne savons pas ce que nous ferons une fois qu'il sera capturé.

— As-tu fini de programmer la micropuce ? s'informa Évat.

— Presque. Sauf que je dois savoir qui mettre dans son corps pour finaliser le code.

À ce moment, la sonnette de l'entrée retentit. Ils sursautèrent.

— Essayons tous d'avoir l'air normaux et détendus, indiqua Évat.

— Facile à dire !

Leshi se dirigea vers la porte pour accueillir Mathieu.

— Je suis contente de te voir ! lui dit-elle en lui donnant la bise.

— C'est une chance que tu te sois réconciliée si vite avec tes amis.

Mathieu entra et donna son manteau à Leshi, qui l'accrocha dans la garde-robe.

— Ce n'était qu'un malentendu.

Ils se déplacèrent vers la salle à manger.

— Tu peux t'assoir juste ici.

Pendant que Mathieu prenait place, Leshi retourna à la cuisine pour aller chercher le verre de vin qui lui était destiné. Il ne fallait surtout pas qu'elle interchange les coupes par mégarde.

— Voilà, dit-elle en la lui tendant.

— Merci.

Leshi apporta les autres coupes alors qu'Évat portait le plat principal avec des mitaines à four. Elle le déposa au centre de la table.

— De la lasagne ! Mon plat préféré, se réjouit Mathieu.

Brax sortit de la cuisine avec un bol de salade César et du pain baguette tranché. Leshi remarqua immédiatement le regard intrigué de Mathieu lorsqu'il vit le psychothérapeute.

— Je te présente Michael, un ami commun, fit-elle pour l'introduire.

— Je le connais. Il a guéri Thomas.

— Je n'étais pas seul à le traiter, mais je crois que nous avons développé une relation spéciale qui a aidé à sa rémission, dit

Brax.

— J'espère que tu ne vois pas d'inconvénient à ce que je l'aie invité ? ajouta Évat.

Les bonnes manières de Mathieu le poussèrent à secouer la tête même s'il trouvait la situation étrange.

— Merci à notre cuisinière, lança Brax pour changer de sujet. Santé, fit-il en levant son verre.

Ils burent tous une gorgée. Leshi angoissait de consommer du vin pour une deuxième fois dans la même semaine et elle sentit tous ses sens en alerte. « Je ne pourrai pas m'arrêter », s'inquiéta-t-elle.

Brax tendit le bol de salade à Mathieu.

— À toi l'honneur !

L'enquêteur se servit de généreuses portions des mets concoctés par Leshi. Déjà, les trois Gallagians remarquèrent que ses gestes étaient plus lents grâce à la drogue. En effet, il portait tranquillement la fourchette à sa bouche. Sa tête dodelinait un peu et il riait sans retenue.

Brax surveillait chacun de ses mouvements pour évaluer la progression des effets. Mathieu devait plonger dans un sommeil très profond, mais Brax redoutait que le médicament ne provoque des difficultés respiratoires. Il ne voulait surtout pas se retrouver avec un cadavre sur les bras, surtout un qui travaillait pour la police.

Le plat principal avalé, Brax dut se rendre à l'évidence : il n'avait pas assez donné de drogue à leur invité. Ainsi, il se faufila dans la cuisine pour aider Leshi à servir le dessert.

— Il faut lui redonner du Xyrem, chuchota-t-il.

— Comment ? Je ne peux pas rapporter sa coupe en cuisine, ce serait bizarre.

Brax réfléchit.

— Et si on lui offrait un digestif ? As-tu des bouteilles d'alcool ?

— Justement, Évat a acheté du Baileys.

Brax retourna dans la salle à manger pour s'adresser à son invité et à Évat.

— Puis-je vous offrir un café Baileys ?

— Oui, accepta Évat.

— Ce ne sera pas de refus, ajouta Mathieu.

Brax sourit.

— Je vous prépare ça !

Il retourna dans la cuisine pour lancer la cafetière. Pendant que les grains de café infusaient bruyamment, Brax reprit la seringue pour ajouter du liquide dans une tasse. Heureusement, Évat en avait une unique en son genre avec un imprimé de gorille. Brax la choisit pour Mathieu. Il ajouta du café et une bonne rasade d'alcool avant de lui servir.

— Je reviens avec les autres.

— Pas de Baileys pour moi, s'il te plait, spécifia Leshi.

Pendant ce temps, elle avait disposé sur la table une tarte aux fraises toute chaude et de la crème glacée à la vanille.

— Quel délicieux repas ! Je ne savais pas que tu étais aussi bonne cuisinière, s'exclama l'enquêteur, admiratif.

— Je n'ai pas fait la tarte, quand même. Je n'ai pas encore osé essayer.

— Mon amie est particulièrement habile avec les mets traditionnels du Québec.

Après avoir bu son café en trois grandes gorgées, la tête de Mathieu dodelinait. Il la posa sur sa main, puis sur son bras en guise d'oreiller.

Les Gallagians se regardèrent.

— Je crois que ça y est, dit Brax.

— Vous êtes vraiment certains ? demanda encore une fois Leshi.

— Leshi ! s'énerva Évat.

— Évat et moi, on le descend au sous-sol, ordonna Brax.

— Et ensuite ?

— On l'attache et on le maintient sous l'effet de la drogue.

Brax soulevait déjà Mathieu par les aisselles.

— Évat, attrape ses pieds.

Elle s'exécuta et ils transportèrent Mathieu jusqu'à l'escalier avant de prendre une courte pause.

— Il est vraiment massif.

Ils se positionnèrent autrement pour effectuer la descente.

— Attention !

Trop tard. La victime se cogna la tête sur une marche.

— Ne le tuez pas, supplia Leshi en les suivant.

Ils arrivèrent enfin à la chambre aménagée pour retenir leur prisonnier. Ils déposèrent Mathieu sur le petit lit en grognant sous l'effort. Puis, Évat noua ses membres supérieurs et inférieurs avec des attache-câbles en nylon.

— Impossible qu'il arrive à se défaire de ses liens.

— Et s'il crie ?

— J'ai assez de drogue pour qu'il se tienne tranquille un moment. Il faut simplement s'assurer qu'il reçoit des doses régulièrement.

— Et qui s'en occupera ? demanda Leshi.

Brax fit une grimace embarrassée en la regardant.

— Toi ?

— Vous n'êtes pas sérieux ! s'insurgea Leshi en dardant sur ses amis un œil accusateur.

— Tu es la seule qui passe la journée à la maison, se justifia Évat.

— Je donnerai les doses du matin et du soir et toi, le midi, précisa Brax.

— Tu devras être discrète. Danielle ne doit se douter de rien.

— Facile à dire !

Leshi sortit de la pièce en colère. Elle détestait le plan de ses amis et elle leur en voulait de le lui imposer. Ils risquaient gros.

Alors qu'elle montait les marches en vitesse, elle eut soudain une grande brulure dans la poitrine. Ses jambes s'effondrèrent sous elle et elle se retint de son mieux à la rampe pour ne pas perdre pied.

La suivant de près, Évat la vit assise dans l'escalier, la main serrée sur la poitrine.

— Brax, viens vite !

Il prit le temps de verrouiller la chambre, puis alla vérifier pourquoi Évat l'appelait. Il la trouva assise près de Leshi.

— Elle est tombée.

Leshi semblait moins crispée.

— Ça va, la douleur est partie.

— Qu'est-ce qui est arrivé ?

Leshi décrivit la souffrance brève et intense qu'elle avait ressentie.

— Tu dois en parler à ton oncologue, lui fit promettre Évat.

— C'est probablement juste le stress.

Les deux amies remontèrent à l'étage se coucher alors que Brax resta au sous-sol, puisque sa chambre s'y trouvait.

En se mettant au lit, il eut une pensée pour Kimberley et Léa-Rose. « Je règle ce problème au plus vite, puis je rentre chez moi auprès de ma famille. »

* * *

Mathieu reprit connaissance, mais il était désorganisé. Il ne savait plus où il se trouvait et il n'arrivait pas à bouger. Quand il ouvrit les yeux, la pièce tournait autour de lui.

Il avait beau se creuser les méninges, ses pensées le fuyaient.

Dans un brouillard, il vit une porte s'ouvrir. Il ressentit du soulagement en apercevant une personne qui entrait pour lui porter secours. Il avait terriblement soif. Justement, la silhouette porta une bouteille à ses lèvres. Il but avidement, mais il se sentit encore plus faible. Une main se posa sur son front alors qu'il tentait de relever la tête.

— Dors, lui dit la voix.

Mathieu essaya de trouver à qui elle appartenait, mais le sommeil le gagna aussitôt.

* * *

— Je vais chercher un poulet dans le congélateur, annonça Leshi à Danielle alors que celle-ci changeait la couche de Zach.

Elle ne voulait surtout pas attiser la curiosité de la nounou.

Elle descendit les marches tranquillement en se tenant le plus fermement possible à la rampe.

Leshi fulminait d'avoir la tâche ingrate de droguer son ami Mathieu. Elle ne lui voulait pas de mal, mais la vie en avait décidé autrement.

Elle ouvrit la porte de la chambre de Brax et trouva une bouteille d'eau et une seringue. Brax lui avait dit qu'elle devait vider toute la drogue dans un verre et la diluer. Il ne fallait pas une trop grande quantité pour s'assurer que Mathieu arriverait à boire la totalité du mélange. Sinon, il pouvait se réveiller à tout moment et se mettre à crier, ce qui alerterait Danielle ou peut-être même les voisins.

Leshi suivit les instructions et prépara la potion. Ensuite, elle se dirigea vers la chambre où Mathieu était tenu en otage. Son cœur se serrait à le voir attaché et démuni. « Au moins, il n'a pas trop connaissance de sa fâcheuse position », pensa-t-elle pour se consoler.

Elle plaça le rebord du verre sur ses lèvres et à son grand soulagement, son ami eut assez d'énergie pour avaler son contenu. Puis, sa tête retomba lourdement sur l'oreiller. Leshi replaça une mèche des cheveux du prisonnier avant de sortir et de bien verrouiller la porte derrière elle.

∗ ∗ ∗

Quand son cellulaire sonna, Brax fut surpris de voir le numéro de sa maison s'afficher. Il répondit sur le champ.

— Kimberley ?

Il entendit des sanglots.

— Léa-Rose va bien ? s'inquiéta-t-il.

— Oui, renifla Kimberley.

— Pourquoi pleures-tu ?

— Mes soirées sont désolantes sans toi.

— Tu sais que je ne demande qu'à revenir. Vous êtes toute ma vie.

— Je ne peux pas te pardonner, se lamenta Kimberley.

167

Brax décida de prendre le contrôle de la conversation. « Si ma femme m'appelle, c'est qu'elle espérait se réconcilier », conclut-il. Il ne devait pas laisser passer l'occasion de la reconquérir.

— Et si je t'invitais à souper ? Une bonne discussion nous ferait le plus grand bien.

Kimberley renifla.

— Ma mère pourrait surement garder Léa-Rose. Peut-être vendredi ?

— Ce serait parfait. Tu me confirmes dès que tu lui auras parlé ?

— D'accord.

Elle raccrocha. Brax sauta de joie. Tant pis pour Mathieu, les filles devraient s'arranger avec lui le temps qu'ils décident qui prendrait possession de son corps.

Chapitre 17

Ce soir-là au souper, alors qu'ils étaient réunis autour d'un pâté chinois, un conseil familial des plus sérieux se déroulait dans la maison de Côte-Saint-Luc.

— Il faut remettre Mathieu dans la circulation au plus vite. Ses collègues vont s'affoler s'il continue de manquer à l'appel, commença Brax.

— Je ne veux pas avoir une horde d'enquêteurs à mes trousses, frissonna Leshi.

— Moi non plus, confirma Brax.

— C'est simple. Choisissons un Gallagian ce soir, trancha Évat avec pragmatisme.

— Qui ? demanda Brax.

— Pourquoi pas Dougas ? suggéra Évat.

— Ton ex ? dit Leshi avec une grimace.

— Tu as une meilleure idée ?

— Notre voisine, Brax, te souviens-tu d'elle ? ajouta Leshi.

— Améline.

— Pas question d'importer une femme dans un corps d'homme, s'opposa Évat.

Brax se sentit honteux d'avoir joué ce mauvais tour à Évat. Il savait maintenant à quel point l'intégration s'en était trouvée plus compliquée. Il baissa la tête.

— Tu as raison, concéda Brax.

— Donc ?

— Dougas semble le meilleur choix, conclut-il.

— Il n'était pas le plus allumé, souligna Leshi.

— Tu l'as toujours dénigré, nota Évat en croisant les bras.

— Comme si tu ne te moquais pas de mon conjoint quand j'en avais un.

— Moi, tu veux dire ?

— Assez ! Rien ne sert de nous quereller. Importons Dougas pour éliminer ce problème.

Les deux autres acquiescèrent. Ils terminèrent leur repas dans le silence, chacun plongé dans ses pensées.

— Il est l'heure de la prochaine dose, énonça Brax en se levant.

* * *

— Je suis sincèrement désolé. La chimiothérapie n'a pas l'effet escompté. Les métastases se sont propagées aux poumons, annonça l'oncologue à Leshi lors de son rendez-vous de suivi.

Chaque mot lui fit l'effet d'un coup de poing dans la poitrine. Des larmes silencieuses mouillaient ses joues.

— Je ne peux pas abandonner. Il faut me guérir.

L'oncologue soupira.

— Il reste un dernier type de chimiothérapie qui pourrait fonctionner.

— Je suis prête.

— Il faut attendre deux semaines, le temps de reprendre des forces.

— Je me sens en pleine forme, mentit Leshi.

L'oncologue regarda son visage cadavérique et les marques grises sous ses yeux. Il referma la chemise contenant son dossier médical.

— La secrétaire vous appellera pour vous donner la date de votre traitement.

Dépitée, Leshi n'eut d'autre choix que de se lever et de quitter le bureau pour laisser la place au prochain misérable humain qui combattait un cancer.

*** * ***

Une fois leur souper avalé et Zach bien endormi dans son lit, Évat et Leshi s'installèrent dans la chambre de cette dernière pour discuter. En temps normal, Leshi cachait ses préoccupations liées à la maladie qui la rongeait pour ne pas attrister son amie. Faire comme si de rien n'était était plus facile pour tout le monde. Le déni leur permettait de continuer leur vie normalement. Sauf qu'avec la nouvelle qu'elle venait de recevoir, Leshi avait besoin de se confier. Elle ne pouvait plus supporter ce poids seule.

Dans ce qui lui semblait former une bulle d'intimité avec sa meilleure amie, elle osa mettre des mots sur les moments difficiles. Pour commencer, elle lui relata sa rencontre avec l'oncologue.

— Évat, pour la première fois, j'ai vraiment perdu espoir de m'en sortir.

Son amie lui prit les mains.

— Tu ne dois pas baisser les bras.

— Les traitements ne font pas effet sur les métastases. Elles progressent dans mon corps et je sens mes forces me quitter chaque jour.

— Les médicaments t'affaiblissent, c'est normal. Ça ne veut pas dire que tu es en train de perdre la bataille.

Évat ne pouvait pas admettre que la mort rôdait si près. Son amie devait vivre ! Elle venait tout juste de décrocher son diplôme, dénicher l'emploi de ses rêves et donner la vie à un adorable garçon.

Leshi soupira.

— Tu aurais dû voir le regard de l'oncologue. J'avais l'impression qu'il m'étampait une date d'expiration sur le front. S'il ne croit pas à ma rémission, pourquoi est-ce que j'y croirais ? C'est lui l'expert.

— Arrête !

— Tu ne peux pas accepter la vérité ?

— Ce n'est pas la vérité. Rien n'est perdu tant que tu respires.

Un silence plana entre les deux amies.

— Tu ne peux pas m'abandonner sur cette planète. C'est toi qui m'y as fait venir !

— Comme si j'avais souhaité en arriver là !

Évat se calma un peu.

— Je sais bien. Je suis désolée. Ne perds pas espoir, je t'en prie. J'ai besoin de savoir que tu t'accroches encore.

Leshi serra un peu plus fort ses mains entre les siennes.

— Je me battrai jusqu'au bout pour Zach.

Mais en prononçant ces paroles, Leshi savait qu'elle allait bientôt arriver au bout de son énergie. Elle le ressentait dans chacune des cellules de son enveloppe charnelle. « Quelle malchance ! Brax a choisi ce corps pour sa beauté sans soupçonner que la maladie en viendrait bientôt à bout. »

Leshi usa de toute sa maitrise d'elle pour cacher son désarroi à son amie, mais lorsque celle-ci quitta sa chambre en lui souhaitant une bonne nuit, Leshi pleura en silence dans son oreiller face à son terrible destin.

* * *

Brax ne savait plus où donner de la tête. Entre la clinique, son rôle de geôlier et ses problèmes matrimoniaux, il avait l'impression de courir toute la journée avec le cerveau si plein d'informations et de préoccupations qu'il peinait à garder les idées claires. Il n'avait pourtant pas le droit à l'erreur. Ni dans son métier, ni dans le dosage du Xyrem.

Avec espoir, il entretenait une relation épistolaire virtuelle avec Kimberley. Même s'il avait hâte de rentrer chez lui, il devait avouer qu'habiter avec Évat était plus pratique pour l'instant. Il avait les coudées franches pour réaliser son projet.

Cette nuit-là, il finalisa le code pour implanter Dougas dans le corps de Mathieu. Juste en énonçant son nom, il fit la grimace. Il n'avait aucun atome crochu avec le professeur haut gradé, ancienne fréquentation d'Évat. Brax avait dû se contenter de ce candidat faute d'une meilleure option.

En finalisant les dernières lignes de codes au petit matin, il comprit qu'il devrait boire des litres de caféine le lendemain. Il enregistra son travail sur le disque dur, puis lança le transfert du programme sur la micropuce.

Ensuite, il se laissa tomber sur son lit sans même se changer. Il s'endormit au moment où sa joue toucha l'oreiller.

* * *

Seule dans son lit, Kimberley se retournait sans trouver le sommeil.

Après avoir expérimenté la vie sans Michael, elle réalisait tout ce qu'elle avait perdu en le repoussant. Elle avait passé des heures à balancer entre la colère et la tristesse, mais maintenant sa tête reprenait le dessus et elle arrivait à remettre en perspective les évènements. Elle devait admettre qu'ils étaient séparés au moment des faits… Kimberley préférait ne pas y penser davantage.

Son cœur semblait lui dire qu'elle pourrait peut-être lui pardonner. Sa présence, sa bonne humeur lui manquaient. Elle voulait de nouveau rire et discuter avec lui chaque jour. Le temps avait fait son œuvre.

« Il a tellement changé depuis son accident. Je n'aurais pas pardonné au Michael d'avant, toujours brusque et frustré. Mais nous avons développé une relation si profonde depuis qu'il est sorti du coma ! Je ne pourrais retrouver une complicité semblable avec personne d'autre. »

* * *

Au déjeuner, Brax prit quelques minutes pour ingurgiter son premier café de la journée en compagnie d'Évat.

— La micropuce est prête. Je l'implante ce soir.

— Excellent, se réjouit Évat en tapant dans ses mains.

— J'espère juste avoir assez d'énergie pour passer à travers la journée et réussir à bien me concentrer ce soir pour l'opération.

— Je t'aiderai.

— Merci, mais je préfère agir seul.

Il se leva et se versa un deuxième café dans une tasse isotherme.

— Pour la route.

— Bonne journée !

Brax descendit au garage pour sauter dans sa voiture et se rendre au bureau.

Une fois sur place, il entra avec le plus de dynamisme possible. Malgré ses efforts, Suzie remarqua les cernes sous ses yeux.

— Grosse soirée ?

Brax n'aimait pas partager sa vie personnelle avec son employée. Moins elle en savait sur lui, mieux il se portait. Elle avait côtoyé Michael avant son coma, alors Brax se méfiait de sa perspicacité. Cependant, elle était au courant de la dispute avec sa femme, bien qu'elle n'en connaisse pas l'origine. Ainsi, Brax choisit de prétendre que son manque de sommeil était dû à ses complications amoureuses, une explication rationnelle et tout à fait humaine.

— Un peu d'insomnie, voilà tout. Je repasse tous les évènements dans ma tête, en boucle.

— C'est compréhensible vu la situation.

— On pourrait penser que les psychothérapeutes n'ont pas ce genre de préoccupations.

— Malgré les diplômes, vous restez tous des humains !

Brax sourit, mais Suzie parut songeuse lorsque Brax réprima avec difficulté un bâillement.

— Mon fils prend des boissons énergisantes quand il passe la nuit à étudier. Je pourrais t'en acheter une ce midi en allant me chercher à diner.

— D'accord. Je suis prêt à tout pour me tenir éveillé.

Ainsi, quand Suzie revint avec son repas quelques heures plus tard, elle glissa vers lui une large canette bien froide.

— Tu m'en donneras des nouvelles, dit-elle avec un clin d'œil. C'est la marque préférée de Xavier.

Ils mangèrent ensemble dans la salle d'attente. Brax n'avait que quinze minutes pour avaler son sandwich.

— Je devrais te le dire plus souvent, mais je suis reconnaissant de tout le travail que tu accomplis ici.

Suzie allait protester humblement, mais Brax ne lui laissa pas placer un mot.

— Non, c'est vrai. J'ignore ce que je ferais sans toi.

— Je ne sais pas quoi dire.

— Simplement merci.

— Et bien, merci.

Brax décapsula sa canette et en ingurgita une grande gorgée. Les bulles lui piquèrent la langue et un intense gout sucré lui titilla les papilles.

— J'adore ! C'est délicieux.

— Mon fils est accro.

— J'ai peur de le devenir aussi, proclama Brax, mi-figue, mi-raisin.

Il avala sa dernière bouchée, puis but le reste de sa boisson énergisante.

— Le devoir m'appelle déjà.

Il s'installa dans son bureau pour se préparer avant l'arrivée de sa patiente.

* * *

Elle avait eu tout le mal du monde à se lever. Seule la pensée de Zach qui avait besoin d'elle avait pu la motiver suffisamment pour poser ses pieds au sol.

Déjà, elle attendait avec impatience l'arrivée de Danielle.

Elle prit Zach et changea sa couche. Alors qu'elle avait l'habitude de lui parler ou de lui chanter des comptines, elle se contenta de sourire malgré son corps endolori. Ensuite, ils descendirent à la cuisine pour le biberon. Leshi choisit de s'installer au salon. Son fils semblait avoir pris du poids en une seule nuit. Elle devait se concentrer sur chacun de ses pas tant elle avait peur de ne pas avoir assez de forces pour se rendre à son fauteuil.

Quand Danielle entra enfin, Leshi la salua sans se lever du salon. La nounou y trouva Zach qui s'amusait dans son tapis d'éveil. Leshi se leva péniblement.

— Je suis désolée, Danielle, je dois retourner au lit.

— Ne t'excuse pas, je suis là pour ça.

— Prends bien soin de mon trésor, ajouta-t-elle en se trainant les pieds vers sa chambre.

Danielle s'assit à côté de Zach sur le plancher.

— Dors sur tes deux oreilles.

La nounou la regarda s'en aller avec inquiétude. Son employeuse semblait émaciée et vulnérable. Bien qu'elle ne voulait pas s'immiscer dans sa vie privée, elle se sentait obligée de signaler ses observations à son colocataire.

*** *** ***

Leshi dormit tout l'avant-midi. Elle se leva une seule fois pour aller à la salle de bain, puis retourna jusqu'à son lit pour s'y jeter à nouveau.

Lorsqu'elle ouvrit les yeux, elle se sentit faible et désorientée. Elle consulta son cellulaire et constata qu'il était l'heure de diner. Soudain, elle se souvint qu'elle devait également donner une dose à Mathieu. Brax ne lui pardonnerait certainement pas un tel oubli.

Elle se leva tranquillement, espérant que la pièce arrêterait de tourner. Elle glissa ses pieds dans ses pantoufles, mit un bonnet sur son crâne dégarni et enfila un chandail épais par-dessus son gilet.

En se tenant au mur, elle parcourut le couloir, puis descendit l'escalier.

— Juste à temps pour manger avec nous.

Danielle plaça une assiette remplie de légumes grillés devant elle. Bien que le tout lui paraissait appétissant, Leshi eut du mal à en ingérer le quart. Sa bouche était sèche et la nourriture n'avait plus le même gout qu'avant.

— Je débarrasse? demanda Danielle.

— Merci.

— Je te prépare un thé vert.

— J'espère que ça me réchauffera.

Danielle déposa une tasse fumante devant elle.

— Zach est un vrai petit ange. Il a bien mangé et bien dormi.

— Je suis contente de l'entendre.

— Aimerais-tu passer l'après-midi à te reposer? Je suis désolée de te le dire, mais tu n'as pas l'air en forme.

Leshi souffla sur son thé avant d'en boire.

— Je vais jouer un peu avec Zach, mais je ne vais pas avoir assez d'énergie pour le reste.

— Entendu. Je m'occupe de la vaisselle pendant votre

moment de complicité.

Leshi termina son thé avant de prendre Zach.

— Appelle-moi si tu as besoin de quoi que ce soit, lui fit promettre Danielle.

* * *

Leshi ne savait pas quelle excuse inventer pour aller donner le Xyrem à Mathieu. Comment justifier sa présence au sous-sol alors qu'elle n'y allait jamais ? Ainsi, elle dut se faufiler en bas pendant que Danielle était occupée à laver la salle de bain. Avec remords, elle abandonna Zach seul dans sa berceuse en espérant qu'il se tiendrait tranquille cinq minutes. Sinon, Danielle serait alertée et elle la jugerait d'avoir négligé son fils !

Elle descendit, prépara le mélange le plus rapidement possible, puis le fit ingurgiter à leur prisonnier. Elle n'oublia pas de verrouiller la porte et remonta au salon.

Son corps n'avait pas apprécié cette course effrénée, mais elle tenait à tout prix à s'amuser avec Zach.

Après sa période de stimulation avec son fils, elle remonta dans sa chambre pour s'allonger. Elle s'en voulait terriblement de ne pas être présente pour Zach, mais elle avait épuisé toutes ses réserves pour la journée.

« Le cancer évolue trop vite », se désola Leshi. Cette fatalité lui inspira une idée. Elle décida qu'elle devait enregistrer des messages pour son fils, un pour chaque anniversaire. Ainsi, elle pourrait être près de lui chaque fois qu'il marquerait le jour de sa naissance. Elle voulait qu'il sache à quel point elle l'aimait et comment elle s'était battue pour vivre avec lui.

Fidèle à ses habitudes, elle élabora une liste. Elle numérota des sections d'un à dix-huit. Elle voulait rédiger un message significatif adapté à l'âge de son enfant au moment où il visionnerait l'enregistrement. Elle nota quelques idées, mais ne put combler chaque année.

Quand elle aurait complété ses lettres, elle demanderait à Évat de l'aider pour la production. Elle patienterait un peu avant de la solliciter, car Évat niait encore la gravité de sa maladie. « Sauf que je ne peux me permettre d'attendre trop longtemps si je ne veux pas le faire en direct de mon lit de mort. »

Chapitre 18

L e soir même, Brax attendit le départ de Danielle pour annoncer à ses amies qu'il descendait au sous-sol pour procéder à l'opération.

— As-tu besoin d'assistance ? se proposa Évat.

— Je préfère agir seul.

— Bien. Tu n'auras qu'à crier si jamais tu veux de l'aide.

Brax avait encore son étui avec tout le matériel nécessaire à l'opération : des gants en latex, un petit scalpel stérilisé au préalable et des collants de rapprochement pour refermer la plaie. Il ne l'aurait avoué à personne, surtout pas à Leshi qui lui reprochait de se laisser trainer, mais l'étui était resté dans la console de sa voiture depuis l'implantation d'Évat il y avait déjà plusieurs mois.

Aujourd'hui, il s'en félicitait, puisque ça lui facilitait la tâche. Nerveux, il descendit dans la pièce où était enfermé Mathieu.

Il commença par lui donner une nouvelle dose de Xyrem en espérant que ce serait la dernière fois. Le contenant se vidait dangereusement vite et il n'avait aucune envie de refaire une prescription. Il avait réussi à passer sous le radar une fois, mais la deuxième pouvait lui être fatale.

Mathieu bougea en entendant la porte s'ouvrir. Il marmonna quelques mots, mais Brax ne put les déchiffrer. Il haussa les épaules. Le message de cet homme le laissait complètement indifférent.

— Tes souffrances seront bientôt apaisées, lui promit Brax.

Mathieu avait perdu beaucoup de poids en à peine trois jours. Ses geôliers ne savaient pas comment le nourrir puisqu'il passait presque tout son temps dans l'inconscience.

Mathieu essaya de résister lorsque Brax lui fit ingurgiter la drogue. Il voulait cracher le liquide, mais il était trop faible et assoiffé.

Brax attendit un peu pour laisser le temps à la drogue d'agir. Même s'il voulait se débarrasser de lui, il ne cherchait pas à le faire souffrir inutilement. Il n'était pas si cruel.

Au bout d'une dizaine de minutes, il retourna le corps inerte et leva son chandail pour exposer son dos. Il enfila les gants de latex et désinfecta la zone avant de pratiquer une incision juste à la hauteur de la quatrième vertèbre, comme il l'avait fait pour Thomas. Du sang jaillit sur ses doigts et il fit la grimace. Il ferma les yeux un moment pour reprendre son sang-froid. La partie qu'il détestait le plus était de devoir insérer ses doigts dans la plaie, mais il n'avait pas le choix. En manipulant la micropuce entre les chairs, il ressentit une résistance. Il retira ses doigts et coupa un peu plus profondément.

— J'espère que c'est la dernière fois que je dois faire ça !

Il réinséra la micropuce qui accepta enfin de prendre sa place, collée sur la moelle épinière de Mathieu.

— C'est à toi de jouer, Dougas !

Brax nettoya et referma la plaie avec trois pansements de rapprochement, rabaissa le chandail et enleva ses gants qui le démangeaient. Il sortit de la pièce et verrouilla la porte. Tant qu'il n'aurait pas la confirmation que Dougas avait pris possession du corps de Mathieu, il ne voulait prendre aucun risque.

Il remonta au rez-de-chaussée, où Évat l'attendait impatiemment dans le salon.

— Alors ? demanda-t-elle en s'avançant au bout du fauteuil.

— L'opération s'est déroulée comme prévu. Il ne reste qu'à voir si Dougas sera parmi nous quand la drogue ne fera plus effet.

— Et si ça ne marche pas ?

— Je suis trop fatigué pour penser à un plan B ce soir. Bonne nuit !

Il redescendit l'escalier pour aller se coucher. Avant de fermer les yeux, il programma son réveil plus tôt. Il estima l'heure à laquelle leur victime serait assez lucide pour parler, sans pour autant l'être suffisamment pour avoir l'occasion de fuir.

Lorsque le son désagréable du réveil se fit entendre, Brax eut l'impression qu'il venait tout juste de fermer les yeux. « Il faut que ces montagnes russes d'émotions se terminent bientôt, car j'ai l'impression d'avoir pris dix ans. »

Il se leva. Il était temps d'aller voir Mathieu. Ou Dougas. Il ne savait pas encore qui l'attendait dans l'autre chambre du sous-sol.

Il s'approcha de la porte et y apposa l'oreille. Comme il ne détecta aucun bruit, il la déverrouilla et entra dans la pièce mal éclairée. Un peu surpris, il constata que l'homme demeurait profondément endormi. Brax crut qu'il avait dû se tromper dans son calcul pour la quantité de liquide à administrer.

Il vérifia que les liens étaient encore solidement attachés. Malgré tout le Xyrem ingurgité, Mathieu avait quand même des plaies aux poignets et aux chevilles. Il avait surement eu des moments où sa lucidité lui était revenue assez longtemps pour lui donner envie de fuir.

Rassuré par la solidité des liens, Brax retourna se coucher après avoir bien verrouillé la porte.

* * *

Alors qu'elle préparait son café, Évat entendit des coups au sous-sol. Les sens aux aguets, elle descendit les marches. Elle saisit au passage un bâton de golf qui trainait. Le bruit semblait provenir de la pièce où était enfermé Mathieu.

Avant d'aller voir, elle fit un détour par la chambre de Brax.

— Brax, chuchota-t-elle en entrant, toujours armée.

Brax se contenta de grogner, alors Évat s'approcha pour le secouer.

— Notre invité s'agite, expliqua Évat.

Brax ouvrit enfin les yeux et regarda l'heure.

— Merde !

Il attrapa les clés sur sa table de chevet et se dirigea vers la chambre. Il entra, Évat le suivant sur les talons. Le visage de l'homme se tourna et ses yeux se braquèrent sur lui.

— Il est réveillé, constata Évat.

— Je le vois bien, s'impatienta Brax.

Il s'approcha de l'homme. Comment savoir qui se cachait à l'intérieur ?

— Que doit-on faire maintenant ? demanda Évat.

— Nous ne te ferons aucun mal, dit Brax en s'approchant à peine du corps. Si tu me dis ce que je veux savoir, nous te libèrerons. Compris ?

L'otage hocha la tête.

— Quel est ton nom ?

L'homme avait la bouche pâteuse et n'arrivait pas à prononcer un mot. Après tout le temps passé attaché sur un lit et drogué, il avait l'air en piteux état.

— Il faudrait peut-être lui donner un peu d'eau.

Brax tenta de le faire boire, mais l'homme s'étouffait et était trop faible pour avaler.

— Détache-lui les poignets pour lui permettre de s'assoir, proposa Évat.

— C'est risqué.

— Si on veut notre réponse, il faut essayer.

— D'accord, concéda à regret Brax.

Pendant qu'il détachait les liens, Évat s'approcha en tenant son bâton de golf sur son épaule, prête à intervenir si leur prisonnier tentait quoi que ce soit pour s'évader. Avec peine, il se redressa en se poussant sur le matelas, puis il frotta ses poignets blessés. Ses chevilles étaient toujours retenues au lit.

Brax tendit un verre d'eau et l'homme le porta à ses lèvres sèches. Il but une gorgée, puis projeta le reste du liquide dans les yeux du Gallagian. Il cassa le verre sur le rebord du lit, trancha le bras de Brax, puis coupa frénétiquement les liens qui retenaient ses chevilles en évitant de justesse deux coups de bâton assénés par Évat. Avec le peu de force qu'il lui restait, Mathieu bondit vers la porte pour s'échapper, mais Brax se jeta sur lui et le plaqua au sol. L'enquêteur était bien entrainé pour se défendre vu son métier, mais sa détention avait affaibli son corps et il n'arrivait pas à déplacer la masse de l'homme qui pesait sur lui. Il se tortillait pour essayer de couper Brax avec le verre tranchant, mais Évat posa son pied sur son bras pour lui faire lâcher son arme.

— Évat, il faut l'attacher, vite !

Évat trouva d'autres attache-câbles que Brax avait laissés sur place et commença par immobiliser les pieds de Mathieu en liant ses chevilles.

— Non ! hurla celui-ci en se débattant avec l'énergie du désespoir. À l'aide !

Évat lui fourra sa chaussette dans la bouche, ce qui donna à Mathieu un haut-le-cœur.

— Vite, ses poignets !

Mathieu battait l'air pour éviter que ses deux bras se trouvent assez près pour être attachés.

— Je n'y arrive pas ! Il bouge trop.

Brax changea de position et posa son genou sur un de ses bras et l'autre dans son dos. Alors qu'Évat et Brax travaillaient de concert pour finir de l'attacher, Leshi arriva.

— Pourquoi tout ce vacarme, ce matin ?

— Il semble que Mathieu soit toujours en pleine possession de son corps, répondit Évat, essoufflée.

— La micropuce n'a pas fonctionné ?

— Chut ! la coupa Brax. Ne donne aucune information.

Les deux complices jetèrent le corps immobilisé sur le matelas.

— Estime-toi chanceux qu'on ne t'abandonne pas par terre ! grommela Brax.

— Je vais chercher de la drogue ? suggéra Leshi pour se rendre utile.

Brax leva les yeux au ciel en soupirant.

— Tu crois qu'il la consommera maintenant que tu lui en parles ?

— Pourrais-tu lui injecter une dose ?

— Je dois avoir une seringue dans mon étui.

Brax lui injecta encore une dose et l'enquêteur se retrouva

une fois de plus immobilisé et enfermé.

— Quelle histoire ! soupira Brax. Je vais prendre une douche, je suis en retard.

— Je fais quoi avec lui ? se demanda Leshi.

— On en reparle ce soir au souper. Pour l'instant, je n'en ai aucune idée.

Brax se sauva pour se préparer pour sa journée à la clinique. En remontant avec Évat, Leshi parut essoufflée.

— Tu es vraiment pâle.

— Ça va, Danielle arrive bientôt et je ferai une petite sieste.

Évat devait également se préparer, mais elle n'avait pas l'esprit tranquille en quittant la maison. Sa vie professionnelle l'accaparait tellement qu'elle n'avait pas pris le temps de s'occuper de son amie. Pour la première fois, elle regrettait de devoir partir travailler.

* * *

Dès que Danielle passa la porte, Leshi lui confia Zach. Lentement, elle gravit l'escalier pour se rendre à sa chambre. Ses pieds étaient si lourds !

Elle parvint enfin à son lit. Péniblement, elle releva les couvertures et s'y glissa avant de plonger dans le noir.

Plus tard, elle ne savait plus quelle heure il pouvait être, mais ses paupières refusaient de s'ouvrir. Elle entendit quelqu'un crier.

— Appelle une ambulance !

Leshi voulait se réveiller, aider cette personne. Son corps refusait d'obéir. Ses lèvres étaient soudées.

Vacillant entre conscience et inconscience, elle sentit des mains qui la soulevaient, puis une sirène insupportable lui vrilla les tympans.

* * *

— Vite, saute dans la voiture ! cria Brax.

— Merci de rester, Danielle, lança Évat en embarquant dans le véhicule.

— Pas de problème. Rappelez-moi dès que vous aurez des nouvelles.

Évat ferma la portière et Brax sortit du garage avant même qu'elle ait eu le temps de boucler sa ceinture de sécurité.

— Pourquoi lui avoir choisi ce corps de merde ! s'affola Évat.

— Comme si je pouvais deviner qu'un cancer se développerait !

Ils roulèrent à toute vitesse vers l'hôpital. Brax atteignit enfin le stationnement et ils se précipitèrent pour retrouver Leshi.

— C'est toi qui connais les hôpitaux, trouve-la !

Perdu, Brax regardait de gauche à droite. Finalement, il s'informa au premier employé qui passait.

— Adressez-vous à la réception.

— Bien sûr.

Dans son énervement, il perdait tout son sens commun. Il fonça au bureau de la réception et dû attendre son tour alors qu'Évat piaffait d'impatience à ses côtés.

— Elle subit des tests pour l'instant. Je ne peux vous en dire davantage.

Ils prirent place dans la salle d'attente en espérant la voir apparaitre par hasard, installée dans une civière. Soudain, le cellulaire d'Évat sonna. Elle sursauta et faillit échapper l'appareil dans son empressement à répondre.

— Bonjour, j'ai votre numéro au dossier comme contact d'urgence pour madame Labrecque. Elle vient d'être admise à l'hôpital.

— Où se trouve-t-elle ?

— Nous la déplacerons dans la chambre mille-huit dès qu'elle aura vu l'urgentologue.

Évat raccrocha et se tourna vers Brax.

— Chambre mille-huit, peux-tu la trouver ?

— Suis-moi.

Il s'engagea dans les dédales de l'hôpital avec Évat à sa suite. Il marchait d'un bon pas et ils arrivèrent bientôt à la chambre, toujours vide. Il n'y avait qu'un fauteuil. Brax prit place sur le large rebord de la fenêtre pour le laisser à Évat. En silence, ils patientaient avec angoisse.

Finalement, un lit poussé par deux infirmiers glissa dans la pièce sur ses roues grinçantes. Évat se précipita vers eux.

— Comment va-t-elle ?

— L'urgentologue a transmis son dossier à la résidente de garde. Elle vous expliquera tout.

Le corps de Leshi, ou de Marie-Michelle, était connecté à plusieurs équipements médicaux.

Évat prit la main inerte entre les siennes.

— C'est tellement injuste ! Pourquoi elle ?

— Elle a travaillé si fort pour se créer une vie ici. Et Zach…

— Ne parle pas comme si elle était déjà morte ! l'interrompit Évat. Elle va guérir, j'en suis convaincue.

Elle approcha le fauteuil pour veiller à son chevet. Le temps s'écoulait comme dans un cauchemar. Évat voulait connaitre tous les détails de la condition de santé de son amie. Le cœur empli de remords, elle se promettait de passer plus de temps avec elle, de lui offrir un meilleur soutien. Elles avaient encore tant à se dire et tant de moments à partager !

Enfin, la résidente entra en coup de vent.

— Vous êtes de la famille ?

— Oui, répondit Évat pour éviter d'avoir à s'expliquer.

— Nous allons devoir garder la patiente quelques jours pour réaliser des tests. Cependant, je peux déjà voir à son dossier que le cancer progresse rapidement.

— Il y a surement d'autres traitements à essayer ? Des essais cliniques, peut-être ?

— Vous pourrez en discuter avec son oncologue. Pour l'instant, mon travail consiste à stabiliser son état. Des questions ?

Évat était tellement assommée par le flot rapide d'informations qu'elle resta sans voix. Constatant que rien ne venait, la résidente quitta la pièce et Évat n'eut même pas le temps de formuler ses inquiétudes.

— Il ne reste plus qu'à attendre.

— Crois-tu que tu pourrais t'occuper de Zach cette nuit ? Danielle sera là demain, mais je ne veux pas lui demander de rester après avoir déjà passé toute la soirée chez moi.

— Je devrais en être capable. Après tout, je suis un père.

Évat ne lui fit pas remarquer qu'il était également celui de cet enfant même s'il s'était peu intéressé à lui. Avant de partir, Brax se tourna vers elle.

— Je présume que tu as l'intention de passer la nuit ici ?

— Oui.

— Bien. Je rentre. Appelle-moi si tu as du nouveau.

Après le départ de Brax, Évat se recroquevilla le plus confortablement possible sur le fauteuil pour essayer de dormir
un peu, utilisant son manteau en guise de couverture.

Chapitre 19

Leshi ouvrit les yeux avec difficulté. Son corps irradiait de douleur.

— Au secours !

— Leshi, je suis là. C'est moi.

Son amie inclina péniblement la tête pour croiser le regard d'Évat.

— J'ai tellement mal, articula-t-elle avec peine.

— Je vais appeler l'infirmière pour lui demander conseil.

Elle appuya sur la sonnette accrochée sur le côté du lit. Au bout de quelques minutes, une infirmière fatiguée entra dans la pièce.

— Oui ?

— Mon amie souffre.

— Laissez-moi voir à quelle heure elle a reçu son dernier calmant.

Elle consulta la fiche de la patiente.

— Il faudra patienter encore une douzaine de minutes.

Leshi gémit.

— Pourriez-vous faire une exception ?

— Je suis désolée, il faut suivre le protocole pour éviter une surdose. Rappelez-moi à minuit trente.

Elle partit, laissant Leshi se lamenter de douleur.

Impuissante, Évat ne tolérait pas de voir son amie dans un tel état. En désespoir de cause, elle lui murmura une mélodie de leur planète d'origine, espérant la distraire en attirant son attention sur leur passé qui semblait si lointain.

Sa diversion fonctionna. Leshi se calma peu à peu. Évat continua à chanter en surveillant sa montre et elle sonna à l'heure précise où Leshi avait droit à une autre dose de médicament.

Quand l'infirmière inséra l'aiguille dans le cathéter pour injecter le liquide, Leshi se détendit presque instantanément, puis replongea dans le sommeil.

— Merci, dit Évat à l'infirmière qui repartait déjà.

Elle reprit place dans le fauteuil pour se reposer en attendant que son amie ait encore besoin d'elle.

* * *

Après une nuit sous surveillance, Leshi avait à peine meilleure mine. Elle n'arrivait même pas à avaler le déjeuner fourni par l'hôpital. Bien calée sur ses oreillers, elle fixait son assiette sans appétit.

— Aimerais-tu que je sorte te prendre quelque chose ? De quoi as-tu le gout ?

Son teint verdâtre lui laissait présager que Leshi n'aurait pas envie de quoi que ce soit.

— Peut-être plus tard, dit-elle d'une voix affaiblie.

Un homme entra dans la pièce et Évat présuma qu'il était l'oncologue de Leshi. Son estomac se serra. Elle voulait savoir à quoi elles étaient confrontées, mais elle redoutait les paroles qui allaient sortir de sa bouche. Elle n'avait besoin que de bonnes nouvelles, rien d'autre.

— Je peux parler devant votre ami ? demanda l'oncologue.

Leshi hocha la tête.

— J'ai regardé les images de scans et la situation a évolué plus rapidement que prévu.

— Pouvez-vous être plus précis ? demanda Évat.

— Les métastases grandissent rapidement.

Évat ne voulait pas se laisser abattre par ce sombre pronostic.

— Il doit y avoir plein d'autres traitements à essayer, n'est-ce pas, docteur ?

— Malheureusement, dans l'état où se trouvent les organes de votre amie, il est déconseillé de poursuivre la chimio-thérapie. Elle ne ferait que réduire son espérance de vie à ce stade-ci.

— Mais il existe certainement un essai clinique qui pourrait lui convenir.

L'oncologue hocha la tête et Leshi se mit à pleurer.

— Comment pouvez-vous abandonner aussi facilement ? se fâcha Évat en secouant son index vers lui.

— Je comprends votre douleur. Je n'aime jamais annoncer de telles nouvelles.

— Je veux une deuxième opinion, s'entêta Évat.

— Merci, docteur, énonça Leshi pour signifier que la con-versation était terminée.

Évat tournait dans la pièce, une boule d'émotions négatives agitant ses membres. La souffrance était intolérable. Elle ne voulait pas perdre sa meilleure amie, surtout pas si tôt !

La voix de Leshi la sortit de ses pensées et elle s'approcha d'elle pour bien comprendre les mots qui s'échappaient avec peine d'entre ses lèvres.

— Je le sens, mon corps n'en a plus pour longtemps.

— Je t'interdis d'abandonner la bataille ! Il faut rester positif.

Leshi secoua la tête pour épargner son souffle.

— Je le sais, c'est tout.

— Tu vas juste baisser les bras ? Que fais-tu de Zach ? Tu l'abandonnes aussi ?

— Je dois consulter Brax. J'aimerais qu'il le reconnaisse officiellement et en prenne la charge. Il est son géniteur, après tout.

Anéantie, Évat s'effondra dans le fauteuil pour pleurer.

— J'aimerais réaliser mes vidéos pour Zach, dit Leshi au bout d'un moment.

Évat essuya ses larmes, puis prit un mouchoir pour son nez. Malgré la tristesse qui la tenaillait, elle voulait être l'amie la plus attentionnée pour ce qui semblait se profiler comme les derniers jours de vie de Leshi. Elle aurait tout le temps de pleurer à son enterrement.

— Je sens en lui une force exceptionnelle. Il ne se développe pas comme les autres et sa différence sera peut-être lourde à porter par moment.

— Penses-tu qu'il est complètement humain ? Peut-être que ton essence et celle de Brax ont pu modifier son code génétique ?

Leshi pleura.

— Je n'en sait rien. Je ne serai même pas là pour lui. Au moins, j'espère que mes messages pourront l'aider et le guider en grandissant.

— Tu veux faire ça à partir de ton lit d'hôpital ?

— Ce n'est peut-être pas l'idéal, mais je crains de ne jamais en sortir.

— Je suis là pour toi.

— J'ai commencé à concevoir mes messages. Tu n'auras qu'à m'apporter mes notes demain. Je les ai laissées sur ma table de chevet.

— Je m'en occupe.

— Retourne te coucher dans ton lit. Je te verrai demain.

— D'accord. Je dois dire que j'ai drôlement mal au cou.

Évat quitta l'hôpital, le moral à plat. N'ayant aucune envie de prendre les transports en commun, elle pensa d'abord à contacter Brax pour qu'il passe la chercher, mais opta plutôt pour un taxi. Il avait besoin de sommeil lui aussi.

Assise sur la banquette arrière, elle décida d'appeler son agente pour lui faire part des derniers développements. Elle allait avoir besoin de quelques jours de congé.

Comme le bureau était encore fermé à cette heure matinale, elle laissa un message en expliquant brièvement les circonstances. Elle était sûre que Claudine serait en mesure de gérer la situation.

Quand elle arriva enfin à la maison, elle paya le chauffeur et se traina jusqu'à la porte. Elle monta directement se coucher, prenant à peine le temps de se dévêtir avant de se glisser sous les couvertures.

* * *

Les cris de Zach tirèrent Évat du sommeil. Elle aurait aimé dormir plus longtemps après la dure et longue nuit qu'elle venait de passer, mais comme Leshi était à l'hôpital, elle devait s'occuper de lui avant l'arrivée de Danielle.

Elle le rejoignit dans sa chambre et elle le prit contre elle.

— Changeons ta couche en premier, ça pue par ici !

Elle le posa sur sa table à langer et grimaça. Les tâches du quotidien ne lui donnaient pas envie d'être parent !

Une fois Zach au sec, ils descendirent à la cuisine.

Évat prit son déjeuner avec Zach. Le petit était maussade, probablement parce que sa mère lui manquait. Évat fit de son mieux pour l'amuser et le distraire, sans grand succès. Ensuite, elle prépara son sac en compagnie du petit : caméra vidéo, notes prises par Leshi, des bonbons pour adoucir l'épreuve, des sous-vêtements de rechange pour son amie et un livre.

Dès que Danielle passa la porte, elle s'excusa.

— Je dois retourner à l'hôpital. Encore merci pour les heures supplémentaires travaillées hier. Je ne sais pas ce que nous aurions fait sans toi.

— Nous allons passer une excellente journée ensemble, pas vrai Zach ?

Il semblait un peu rassuré par la présence de sa nounou. Évat lui donna un bisou sur le front avant de partir. « Je devrais vraiment m'acheter une voiture. »

Elle n'avait aucune envie de se trouver dans les transports en commun avec tous les regards curieux se fixant sur elle. Elle ne voulait pas leur sourire comme si tout allait bien dans le meilleur des mondes. Son âme était en miettes et elle n'allait pas partager cette partie de sa vie privée avec le public. Ainsi, elle appela Uber.

Elle sauta dans le véhicule et salua le chauffeur. Elle se sentait prise dans un tourbillon interne. Les émotions humaines étaient si insupportables qu'elle craignait que son cœur ne se rompe. « Pourquoi Brax tenait-il tant à expérimenter cette vie sur la Terre, si fragile et trop intense ? »

Alors que l'Uber filait entre les voitures pour se rendre à

destination, elle ne put retenir ses larmes. L'image de son amie affaiblie la hantait. Alors qu'elle était plongée dans ses pensées, la sonnerie du téléphone la surprit. Elle récupéra l'appareil dans sa poche et accepta l'appel.

— Allo ?

La voix de Claudine Samson retentit.

— Thomas ! J'ai réussi à négocier pour toi un congé jusqu'à lundi.

— Si peu ?

Son agente ignora sa réaction et poursuivit.

— Mais il y a une condition. Tu dois te présenter au moins trois heures sur le plateau pour tourner quelques scènes demain, sinon ton personnage va mourir.

— Ils élimineraient l'enquêteur Sébastien ?

— Évidemment. C'est ça, le showbizness ! Tout le monde est remplaçable. La télésérie doit continuer et les scénaristes devront trouver une raison plausible pour justifier ton absence. Ils peuvent faire des miracles, mais après trois jours, tu seras éjecté.

Évat réfléchit.

— En ajoutant la fin de semaine qui arrive, ça me donne cinq jours de répit.

— Ça suffira ?

— Oui, affirma Évat sans en être certaine.

* * *

À son arrivée à l'hôpital, Évat se dirigea tout droit vers la chambre de son amie. Elle détestait les lieux, qu'elle trouvait sinistres. Elle s'imaginait tous les fantômes qui devaient hanter les couloirs, niant que leur vie avait pris fin et refusant de partir.

En passant la porte de la chambre mille-huit, elle retint un cri en voyant Leshi assoupie. Évat n'aurait pu imaginer que son état allait s'aggraver, mais elle remarquait déjà une différence en une seule nuit. Son corps perdait en vitalité, elle l'aurait juré.

Elle prit place dans le fauteuil à nouveau. La main frêle de Leshi était glacée dans la sienne.

Elle envoya un message texte à Brax pour lui décrire son état. Il viendrait la visiter ce soir, après sa journée de travail à la clinique.

En attendant le réveil de Leshi, elle sortit la pile de notes pour les vidéos. Elle remarqua que les feuilles étaient numérotées d'un à dix-huit. Leshi voulait enregistrer des messages remplis de conseils adaptés à l'âge de son enfant. Sa gorge se serra. Elle doutait d'arriver à passer à travers cette épreuve. Chaque mot choisi par Leshi venait du fond du cœur et un amour inconditionnel en radiait.

Évat sentit les doigts de Leshi frémir dans sa main. Elle approcha son visage d'elle pour entendre le mince filet de voix.

— Je me sens si faible, marmonna Leshi.

— Tu peux te reposer encore. Danielle s'occupe de Zach.

— Prépare la caméra.

— Nous pouvons enregistrer demain.

Leshi activa le lit pour faire monter la tête.

— Dépêche-toi. Je ne sais pas combien j'aurai la force d'en faire.

Évat lui remit les notes et démarra la captation. Leshi réussit à prononcer cinq messages, mais elle dut ensuite faire une sieste.

En fin d'après-midi, Évat décida de rentrer chez elle. Son amie ne s'était plus réveillée de la journée, ce qui l'inquiétait grandement. Elle voulait consulter Brax. Elle éprouvait un grand besoin de parler et il était le seul à qui elle pouvait se confier.

Alors qu'elle enlevait son manteau dans l'entrée, Danielle s'approcha d'elle, Zach dans les bras.

— Comment va-t-elle ?

Même si le bébé était trop petit pour comprendre, Évat hésitait à parler de la situation devant lui. Danielle attendait une réponse, les yeux pleins d'inquiétude.

— Son état se dégrade, j'en ai bien peur.

— Pourront-ils la guérir ?

— Mes espoirs s'amenuisent un peu plus chaque heure.

Évat retint ses larmes. Même si Danielle avait su montrer son dévouement et son amitié, elle ne voulait pas partager un moment aussi intime avec elle. Elle saisit Zach.

— Tu as dû passer une journée éreintante. Tu peux partir plus tôt.

— Tu es certaine ?

— Absolument.

— Il y a un poulet dans la mijoteuse qui sera prêt à temps pour le souper.

— Quelle belle attention ! Je t'en remercie.

— Bonne soirée ! dit Danielle en refermant la porte.

Pour se changer les idées, Évat se concentra sur Zach en attendant le retour de Brax. Elle afficha son air le plus joyeux pour ne pas perturber l'enfant qui devait déjà affronter l'absence du seul parent qu'il eut connu. Pour le divertir, elle lui montra un livre de mots. Elle se surprit à rire avec lui, alors qu'elle ne s'en croyait plus capable.

Brax entra en coup de vent.

— Enfin, te voilà. Il faut qu'on parle, lui lança Évat, assise sur le divan.

— Laisse-moi deux minutes pour aller voir notre invité.

Il s'engagea dans l'escalier et disparut au sous-sol. Cinq minutes plus tard, il était de retour.

— Tout va bien en bas ?

— Oui. Comme Leshi n'est plus là pour donner une dose le midi, j'ai dû installer une perfusion intraveineuse. Je m'en sers pour le nourrir également.

— Heureusement que tu y as pensé. Je t'avoue que j'ai complètement oublié ce problème depuis que Leshi est entrée à l'hôpital. Danielle aurait pu l'entendre.

— Ne t'en fais pas pour ça, la situation était sous contrôle. Tu voulais me parler ?

— Oui. Passons à table avant. Je nous sers du poulet et nous discuterons en mangeant.

Brax mit les couverts et Évat disposa les plats de service. Chacun remplit son assiette.

— Je t'écoute, dit finalement Brax.

— Ça semble impossible. Je ne veux pas y croire, commença Évat.

— Elle va si mal ?

— Je doute qu'elle sorte de l'hôpital sur ses deux pieds, avoua-t-elle dans un sanglot.

— Tu n'es pas un peu dramatique ?

— Va la voir, ce soir.

— Bien sûr.

Ils terminèrent leur repas dans une ambiance lourde et Brax partit pour l'hôpital au volant de sa voiture.

Chapitre 20

Vers vingt heures, le téléphone d'Évat sonna. Elle se dépêcha de répondre pour éviter que la sonnerie ne réveille Zach.

— Non ! s'étrangla-t-elle.

La voix inconnue au téléphone lui annonçait que Leshi avait subi un arrêt cardiaque. Son cœur était irrémédiablement affaibli par la chimiothérapie et il n'avait pu résister. Les manœuvres de réanimation n'avaient pu la sauver.

Évat s'effondra au sol, en larmes. Elle voulait hurler sa peine et sa rage, mais elle pensait au petit homme qui dormait paisiblement dans sa chambre sans savoir que sa mère venait de disparaitre de la surface de la Terre.

La femme lui réitéra ses condoléances et lui demanda de passer dès le lendemain pour les formalités reliées aux obsèques.

Évat se roula en boule sur le plancher de la cuisine, une douleur indescriptible la transperçant de part en part.

Elle ne savait pas combien de temps s'était écoulé depuis la terrible nouvelle quand une main la secoua.

— Évat ! Vite, j'ai besoin de toi.

Entre ses yeux qui brulaient d'un trop-plein de sel, elle reconnut la silhouette de Brax dans la pénombre.

— Il faut se dépêcher. Chaque seconde qui s'écoule diminue nos chances de succès.

Brax lui tendit la main pour la relever. Elle vacilla en se mettant sur pied.

— Leshi est morte ! prononça-t-elle, comme un reproche.

La dureté et l'irrémédiabilité de ses mots l'effrayèrent.

— Peut-être pas.

Entre ses doigts, Brax tenait une micropuce.

— Crois-tu que…

— Il faut essayer ! Et le plus tôt sera le mieux.

Ils descendirent en trombe jusqu'au sous-sol. La main d'Évat tremblait trop, alors Brax s'occupa de déverrouiller la pièce.

— Nettoie la micropuce. Même si le cancer n'était pas présent dans son cou, il ne faut pas courir de risque.

— Je la lave comment ?

— J'ai acheté de l'alcool isopropylique à quatre-vingt-dix-neuf pourcent à la quincaillerie.

Il lui tendit au même moment une bouteille et un chiffon doux.

— N'en mets pas trop.

Pendant qu'Évat manipulait délicatement les minuscules circuits électriques représentant l'essence de Leshi, Brax procéda à l'extraction de la micropuce de l'ex d'Évat.

— Puisque Dougas n'a pas réussi à se téléporter et prendre le contrôle par ici, je vais essayer dans la nuque. Je crois que ce sera plus efficace si Leshi est plus près du cerveau.

— Et si ça ne fonctionne pas ?

Brax ne répondit pas. Ils savaient très bien tous les deux que c'était leur seul espoir de ramener Leshi.

Brax ne prit même pas le temps de refermer la lésion du dos avant de s'attaquer à la peau du cou de Mathieu.

— Tiens la plaie en attendant. J'ai peur que l'essence de Leshi s'épuise et ne s'éteigne si elle n'a pas accès rapidement à un corps viable.

Évat s'approcha pendant que Brax traçait la plus petite incision possible, assez profonde pour accoler la micropuce à la colonne vertébrale.

— Arrête de t'agiter Évat, tu me déconcentres !

Il positionna la micropuce entre les chairs. Il espérait que Leshi serait assez forte pour court-circuiter les ondes de l'essence de Mathieu et prendre pleinement possession de son corps. Il ferma la plaie de la nuque, puis celle du dos.

— Voilà, dit-il en reprenant son souffle.

Il avait l'impression d'avoir cessé de respirer depuis qu'il avait procédé à l'extraction de la puce à l'hôpital. Il avait réagi tellement vite qu'il n'arrivait pas à y croire.

Il était au chevet de Leshi quand son cœur s'était arrêté et il avait vu tout le personnel affluer à son chevet pour le code bleu. Il avait dû sortir de la pièce et tout de suite et il avait tout de suite élaboré son plan en cas d'échec des manœuvres.

Il s'était rendu au poste d'accueil de l'étage et avait profité de la commotion pour subtiliser une paire de ciseaux.

Quand le personnel lui avait annoncé le décès de Leshi, il s'était composé un visage qu'il espérait adéquat pour la situation. Puis, il avait demandé à passer quelques instants auprès du corps sans vie.

Il avait dû utiliser cette lame grossière pour extirper la micropuce de Leshi. Ensuite, il avait couru jusqu'à sa voiture pour retrouver Évat et Mathieu.

— Il faut que ça fonctionne ! souhaita Évat en se tournant les mains d'inquiétude.

— Je t'avoue que j'ai des doutes. L'esprit de Mathieu est en excellente santé. Il ne se laissera pas détrôner facilement.

— C'est pour ça que tu avais choisi Thomas pour moi ?

— Oui. Et celui de Marie-Michelle pour Leshi. Vos hôtes éprouvaient tous deux des troubles mentaux, ce qui facilitait votre importation.

— Je comprends.

— J'espère que sa captivité des derniers jours combinée à la drogue aura considérablement affaibli cet homme et qu'ainsi Leshi aura sa chance. Si elle était toujours là.

Ils s'installèrent au chevet du corps sans savoir s'ils veillaient maintenant Leshi ou Mathieu.

* * *

Au petit matin, le prisonnier commença à remuer et à gémir. Évat secoua Brax.

— Regarde, il se réveille, lui dit-elle.

— Attendons un peu. Il a encore l'air affecté par la drogue, estima-t-il.

— Veux-tu aller nous faire à manger ? J'ai un petit creux.

— Tu restes à son chevet ?

— Pour le moment, mais Zach va surement se réveiller bientôt.

Brax se leva de sa position inconfortable sur le sol. Même s'il s'était apporté un oreiller et une couverture, son corps n'avait pas aimé passer la nuit sur le plancher.

— Je vais au moins nous faire du café.

— Ce ne sera pas de refus.

Laissée seule avec le prisonnier, Évat observait chacun de

ses mouvements en espérant reconnaitre un geste familier, un indice quelconque qui confirmerait que sa meilleure amie était parmi eux. Elle ne voulait pas imaginer l'alternative.

— J'ai entendu ce petit homme qui s'agitait dans sa couchette, dit Brax en revenant avec Zach dans les bras.

En équilibre précaire, deux rôties se balançaient dans une assiette retenue du bout de ses doigts. Évat la saisit avant que leur déjeuner ne roule sur le sol.

— Le café est en train d'infuser, ajouta-t-il en s'assoyant sur le plancher avec Zach.

— Je vais aller préparer son biberon.

— Il n'y a pas si longtemps, j'élevais un poupon moi aussi et pourtant, j'ai l'impression d'avoir oublié comment faire.

— Tiens-le occupé en attendant. Je rapporterai nos cafés par la même occasion.

Avant de partir, elle prit une bouchée de sa rôtie qui commençait déjà à refroidir. Elle monta les marches en espérant que Danielle avait préparé plusieurs biberons la veille. Sinon, elle devrait se référer aux instructions sur le pot de poudre de lait maternisé.

L'incertitude lui enserra la gorge. Qu'adviendrait-il de Zach sans Leshi? Elle ne savait pas s'occuper d'un enfant et Brax n'attendait qu'un appel pour retourner auprès de Kimberley et effacer Zach de sa vie. Contrairement à ce que Leshi espérait, il ne s'était pas intéressé et encore moins attaché à son fils malgré son séjour avec eux.

Elle ouvrit la porte du réfrigérateur pour y trouver deux biberons. Elle remercia silencieusement Danielle en activant le chauffe-biberon. Elle prépara les deux cafés et descendit tous ces breuvages au sous-sol.

— Il est toujours endormi? demanda-t-elle en déposant les

tasses sur le sol pour prendre Zach et le nourrir.

— Je pense qu'il reprend connaissance.

— Il faudrait plutôt dire « elle ».

— On verra.

Soudain, le corps se tourna et les yeux au regard trouble se fixèrent sur eux. Évat retint sa respiration.

— Zach, balbutia la voix de Mathieu.

— C'est elle ! s'exclama Évat en se levant d'un bond.

Brax s'approcha pour observer le prisonnier.

— Mathieu aussi aurait pu nommer le garçon.

— Pourquoi suis-je attachée ? Où suis-je ?

— Elle ne nous reconnait pas, souffla Brax à Évat.

Évat s'approcha à son tour.

— Quel est ton nom ? lui demanda-t-elle.

L'homme ricana.

— Drôle de question.

— Réponds ! ordonna Brax qui voulait enfin savoir à quoi s'en tenir.

— Leshi.

Ils se mirent à crier et danser dans la pièce.

— Pourquoi ne suis-je plus à l'hôpital ? Détachez-moi !

Évat courut chercher des ciseaux pour la débarrasser des liens.

— Leshi, tu as changé d'hôte. Le corps de Marie-Michelle est mort, lui expliqua Brax.

Leshi pâlit.

— Qui suis-je, alors ?

— Mathieu !

Leshi ouvrit de grands yeux surpris.

* * *

Une fois remise de ses émotions et après avoir avalé un bon repas, la première action que Leshi posa fut de donner sa démission à la Sureté du Québec.

Évat et elle rédigèrent une lettre à cet effet et elle s'était rendue au poste pour la laisser en main propre à son employeur. Elle avait dû rencontrer son superviseur pour expliquer sa décision. Pour justifier sa disparition de quatre jours, elle lui raconta une histoire inventée de toutes pièces avec l'aide d'Évat et de Brax.

Elle se retint de sauter de joie en sortant du poste. Leshi était si heureuse d'avoir obtenu une autre chance pour vivre ! C'était inespéré. Elle gagnait du temps pour élever son fils et le voir grandir, ce qui valait tout l'or du monde.

Elle tourna son visage vers les faibles rayons du soleil de cette fin d'octobre.

Le soir, au souper, ils avaient tenu une réunion de famille. Il avait été décidé que Mathieu cèderait son appartement et emménagerait avec Évat. Malgré l'étrangeté apparente de cette cohabitation, les deux amies avaient résolu de prendre le risque d'attiser les ragots. Leur mode de vie ne regardait personne et le public pouvait bien penser ce qu'il voulait.

Un gros inconvénient à son changement de corps est qu'elle se retrouvait maintenant sans emploi. Mathieu était enquêteur et ce n'était certainement pas un métier qu'elle souhaitait exercer. De plus, elle n'avait pas le courage de retourner sur les bancs d'école pour décrocher à nouveau son baccalauréat en chimie ni aucun autre diplôme. Avec regret, elle se devait d'admettre qu'elle avait vécu très brièvement sur Terre une carrière en laboratoire.

Avec chance, elle avait toute une vie devant elle pour choisir, mais pour l'instant son projet était d'être auprès de Zach.

Leshi avait décidé de se présenter à lui comme son père biologique alors que Marie-Michelle continuerait à tenir le rôle de sa mère, malheureusement décédée d'un cancer. Comme aucun père n'avait été inscrit sur l'acte de naissance de Zach, Leshi avait pu facilement réclamer la filiation légale sous les traits de Mathieu.

Zach semblait déjà s'adapter à sa nouvelle réalité et Leshi était convaincue qu'il s'était attaché à elle sous sa plus récente forme corporelle.

Leshi avait trouvé surréel d'être présente à son propre enterrement. Elle avait vu défiler devant son cercueil monsieur Cloutier, Brigitte, Vincent, Alexane et d'autres amis et collègues. Elle ne s'était jamais doutée de la place qu'elle avait prise dans ce monde et elle n'avait pu empêcher les larmes de couler à plusieurs reprises. Elle devrait faire le deuil de cette identité forgée depuis un peu plus de deux ans.

Zach entre les bras, elle remarqua comment son corps d'homme sportif lui facilitait l'existence. « Autant profiter des aspects positifs de ce changement ! »

Elle devrait bientôt aller à l'appartement de Mathieu pour trier et vider les lieux. Elle venait de gagner une voiture dans cette substitution et Brax avait promis de lui apprendre à conduire.

* * *

Brax n'avait jamais abandonné l'espoir de retrouver sa vie auprès de Kimberley et de Léa-Rose. Bien qu'il avait eu beaucoup à faire avec l'enlèvement, puis la captivité de Mathieu pour ensuite devoir gérer un enterrement, il avait toujours trouvé le temps d'envoyer des textos à Kimberley dans l'espoir d'entretenir la flamme.

Puisque la poussière était maintenant retombée, il était prêt à proposer une sortie à sa femme avec le souhait d'enfin mettre un terme à leur dispute. Leur séparation durait depuis dix-sept jours, mais il avait l'impression que ça faisait encore plus longtemps.

À son grand soulagement, celle-ci avait accepté de le voir. Il lui avait donné rendez-vous le soir-même dans leur restaurant favori.

Quand il entra, Brax remarqua immédiatement Kimberley. Sa femme était arrivée avant lui et l'attendait sur une banquette. Il la rejoignit en lui souriant. Il la trouvait magnifique.

Assis sous la lumière tamisée, Brax avait préparé son plaidoyer. Kimberley était la femme de sa vie et il avait l'intention de tout faire pour la reconquérir.

— Merci d'avoir accepté de me voir, commença-t-il poliment.

— Je suis tellement désolée pour ton amie !

Brax devait jouer le jeu. Même si Leshi était toujours parmi eux, personne ne devait le découvrir.

— Son cancer ne lui a laissé aucune chance, se désola Brax.

Kimberley s'approcha de lui, comme pour lui faire une confidence.

— Cette histoire m'a fait réaliser que la vie est courte et qu'il ne faut pas la tenir pour acquise.

Ces paroles le touchèrent tant qu'il oublia d'un coup toutes les phrases préparées. Seule une déclaration d'amour franchit ses lèvres.

— Tu es la seule et unique, pour moi. J'ai commis une erreur et je le regrette chaque jour. Je m'ennuie de ton sourire, de tes histoires et de ton humour. Je veux t'avoir à mes côtés chaque matin et chaque nuit.

— Tu me manques aussi, avoua Kimberley.

Cette révélation remplit Brax d'espoir.

— J'aurais peut-être pu pardonner une histoire d'un soir, mais tu as fait un enfant ! C'est énorme. Je ne peux pas prendre ça à la légère.

— En fait, je dois t'avouer quelque chose.

— Quoi encore ? demanda Kimberley avec appréhension.

— Marie-Michelle avait une autre fréquentation, au même moment où… tu sais.

— Et alors ?

— Avant de mourir, elle a laissé une lettre identifiant le père de l'enfant. Ce n'était pas moi, mentit avec facilité Brax. Il se trouve qu'un enquêteur prénommé Mathieu était le géniteur de son fils et il ne le savait même pas.

Cette histoire lui convenait si bien qu'il n'avait aucun mal à se montrer convaincant.

— Tu n'es pas le père ?

— Non.

— J'étais tellement certaine qu'il était ton fils. J'ai dû m'imaginer une ressemblance.

Kimberley doutait maintenant d'avoir bien interprété la situation lors de ce souper fatidique.

— Mais tu as couché avec elle.

Brax soupira. Il ne voulait pas pousser plus loin son mensonge.

— Une seule fois, admit-il à regret, ce que Kimberley savait déjà.

Kimberley garda un long silence que Brax respecta.

— C'est à mon tour de t'annoncer quelque chose.

Elle se leva et Brax remarqua immédiatement le petit ventre rebondi qui soulevait son chandail.

— Je suis si heureux, cria Brax.

Il contourna la table et la prit dans ses bras.

— Je ne peux pas y arriver sans toi, avoua Kimberley.

— Ce serait un honneur d'être à tes côtés pour former notre belle famille.

Il l'embrassa passionnément devant tous les clients du restaurant.

* * *

Le lendemain des funérailles, Évat était de retour au studio comme convenu avec son agente. Elle ne voulait pas que le public l'oublie et, dans les faits, elle n'avait pas réellement perdu son amie. Elle devait prétendre porter le deuil, mais pas trop non plus pour bien performer dans son rôle.

Elle se sentait infiniment heureuse que tout s'arrange pour le mieux. Elle retrouvait les téléspectateurs et elle avait réussi avec succès la transition de sa chaine YouTube, où elle abordait des sujets plus personnels. Au final, elle n'avait perdu que quelques abonnés et de nouveaux les avaient remplacés. Leshi avait obtenu une deuxième chance. Brax aussi. Il était retourné vivre avec Kimberley. Ce court séjour dans leur maison avait donné l'occasion à Évat de mieux le connaitre et d'apprendre à l'apprécier. Elle lui serait toujours reconnaissante d'avoir sauvé sa meilleure amie.

Maintenant que Leshi avait récupéré la voiture de Mathieu, Évat s'était décidée à en posséder une aussi. Au volant de sa Tesla rouge flambant neuve, Évat rentrait après une longue journée sur le plateau de tournage, exactement comme elle les aimait. Son téléphone sonna et elle se servit de son Bluetooth pour répondre.

— Allo ?

— Thomas ! As-tu vu ?

Son agente semblait très excitée.

— Quoi ?

— Tu es en nomination au Gala Artis !

Évat faillit emboutir la minifourgonnette devant elle, ce qui aurait été vraiment dommage pour sa voiture neuve.

— Tu ne dis rien ! s'exclama Claudine.

— Je suis tellement abasourdie ! Je suis sans mot.

— Félicitations pour ton excellent travail. Nous nous reparlerons pour l'horaire des entrevues et des essayages. D'ici là, essaie de dormir malgré tout !

Évat était si excitée d'avoir été sélectionnée par le public pour ce prix remis aux artistes du domaine télévisuel québécois. Elle ressentit au plus profond d'elle l'amour que les téléspectateurs lui témoignaient et elle en était touchée et fière. Elle avait hâte d'arriver chez elle pour tout raconter à Leshi.

Elle stationna sa voiture électrique dans son garage et monta la retrouver. Avec Zach, ils formaient une famille unique qu'elle n'aurait échangée pour rien au monde.

Un mot de l'autrice

J'aimerais te remercier d'avoir acheté mon roman. C'est un plaisir pour moi de raconter des histoires et ton achat m'encourage à poursuivre mon travail créatif.

Pour rester en contact avec moi et suivre tous mes projets artistiques, tu as deux options:

- suis-moi sur Facebook au https://www.facebook.com/JosianeFortinArtiste
- inscris-toi à mon infolettre sur mon site web www.josiane-fortin.ca.